大学英语教学与翻译能力培养研究

孙亚琳 著

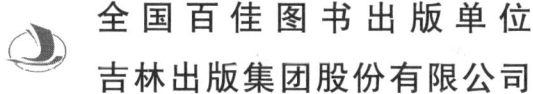

全国百佳图书出版单位
吉林出版集团股份有限公司

图书在版编目（CIP）数据

大学英语教学与翻译能力培养研究 / 孙亚琳著.
长春：吉林出版集团股份有限公司，2024.7. -- ISBN 978-7-5731-5395-1
Ⅰ.H319.3
中国国家版本馆 CIP 数据核字第 2024CP2409 号

大学英语教学与翻译能力培养研究

DAXUE YINGYU JIAOXUE YU FANYI NENGLI PEIYANG YANJIU

著　　者：	孙亚琳
责任编辑：	沈丽娟
技术编辑：	王会莲
封面设计：	豫燕川
开　　本：	787mm×1092mm　1/16
字　　数：	195 千字
印　　张：	10.5
版　　次：	2024 年 7 月第 1 版
印　　次：	2024 年 7 月第 1 次印刷

出　　版：	吉林出版集团股份有限公司
发　　行：	吉林出版集团外语教育有限公司
地　　址：	长春市福祉大路 5788 号龙腾国际大厦 B 座 7 层
电　　话：	总编办：0431—81629929
印　　刷：	吉林省创美堂印刷有限公司

ISBN 978-7-5731-5395-1　　　　定价：63.00 元
版权所有　侵权必究　　　　举报电话：0431—81629929

前　言

英语作为一门通用性语言,对参加各种社会活动、参与各种工作,有着重要的作用。大学英语教学承担着培养语言基本功扎实、跨文化技能娴熟、国际视野宽广、中国情怀博大、专业基础宽厚、国际规范熟悉的国际化人才的使命,建设科学、完善的大学英语课程体系就成为实现这一目标的保障。英语教学应该把培养学生对语言的实际应用能力放在首位,这是时代发展的必然要求。为了保证学生能够获得丰富的文化知识,实现通畅、有效的文化交流,大学英语教学应该基于文化的差异性,有目的、有计划地开展跨文化交际教学。

我国翻译产业的蓬勃发展,促使社会发展需要更多优秀的翻译人才。大学英语教学以培养学生听、说、读、写、译能力为目标,翻译作为英语学习中的一个重要技能,不仅要求学生对英文原文有理解,还要求学生具有中文语言功底。在大学英语教学中培养学生的翻译能力是十分重要的。因此,我国高等院校应当不断总结实践经验、借鉴精华,改革与完善英语翻译教学模式,不断地提高教学水平,为社会发展培养优质的翻译人才。

笔者在撰写本书的过程中,参考了许多专家和学者的文献资料,在此致以诚挚的谢意。由于学识有限,书中不妥之处在所难免,还望读者指正。

目 录

第一章　大学英语教学分析 ··· 1
　　第一节　大学英语教学的目标 ······································· 1
　　第二节　大学英语教学的原则 ······································· 9
　　第三节　大学英语教学的影响因素 ·································· 12

第二章　学生个体差异、情感因素与大学英语教学 ···················· 19
　　第一节　学生个体差异与大学英语教学 ······························ 19
　　第二节　学生情感因素与大学英语教学 ······························ 33

第三章　大学英语生态化教学 ·· 51
　　第一节　大学英语教学的生态特征 ·································· 51
　　第二节　大学英语课堂的生态结构与功能 ···························· 59
　　第三节　大学英语生态课堂的构建 ·································· 71

第四章　语言学与大学英语翻译教学 ··································· 96
　　第一节　语言学与翻译 ·· 96
　　第二节　语言学方向的大学英语翻译教学 ··························· 100
　　第三节　大学英语翻译教学的注意事项 ····························· 103

第五章　大学英语翻译技能分析 ······································· 106
　　第一节　英语词汇翻译 ··· 106
　　第二节　英语句子翻译 ··· 117

第三节　英语段落翻译…………………………………………128
　　第四节　英语篇章翻译…………………………………………133

第六章　大学英语教学的创新与展望……………………………………143
　　第一节　教学个性化……………………………………………143
　　第二节　教师专业化……………………………………………153

参考文献……………………………………………………………………161

第一章 大学英语教学分析

进入 21 世纪以来,人们就迅速地进入了互联网高速发展的时代。信息化时代促使人们的工作、生活与学习都变得愈来愈丰富、愈来愈便利,因此在教育教学这一方面相比于从前也发生了一些巨大的变化,尤其是近几年我国实施的教育教学改革,使得我国的教育模式发生了改变。在我国推进教育教学改革的过程中,英语教学受到了影响。互联网技术的发展与进步使得教育资源突破了时间和空间的限制,使原本较为落后的地区也能享受高质量的教育资源,这极大地增强了学生的学习积极性,提高了学生的学习效率。随着互联网的应用与普及,大学英语教学迫切需要一场突破性的变革,赋予大学英语教学新的内涵与意义。

第一节 大学英语教学的目标

一、大学英语教学目标的生成与取向

(一)大学英语教学目标的生成

确立大学英语教学目标之前,首先要研究教学目标的生成问题,其体现了教学目标的核心价值,是教学开发的前提所在。研究大学英语教学目标的生成问题,有几个问题需要解释清楚:首先,根据什么来确立大学英语教学目标?其次,它们在目标生成中的地位及其相互之间的关系,或者可以这样理解:大学英语教学目标开发应以什么为起点,当确立了起点之后,又该怎样处理好它与其他目标生成之间的关系。

在普遍理解中,教学目标是一定教育思想的反映。教学目标确定的过程是一种运用分析、综合、推理对各要素进行选择的过程,其具有一定

的主观倾向性。影响大学英语教学目标的因素是繁杂的。不同时代、不同学者、不同大学、不同学生对教学目标都有着不同的理解。他们会以不同的方式作用于大学英语教学目标。如有关教学目标的确立依据就有"三说""五说"等。"三说"是指教学目标既受社会生产发展制约,又从总体教育目的派生,而学科的基本性质则起决定性的作用。"五说"是指确立教学目标的依据有社会发展需求、教育法规规定、学生身心特点、学科性质、教育目标理论应用等五个要素。还有一些学者认为,构建学科教学目标体系时,仍然存在着赖以成立的客观依据。来自社会方面的客观依据主要是社会发展水平与教育整体目标,来自学科方面的客观依据主要是学科体系,来自实践方面的客观依据主要是学生需求。教学目标的主要生成内容是学生需要、社会经济与学科的发展需要。虽然对于这三方面的生成关系而言,不同的教育价值观对其有着差异化的认识,并且除这三方面生成之外还存在其他生成,但这三方面生成却是主要生成,在该层面,人们已取得共识。

1. 学生成长的直接需求

教育是一种有目的、有针对性的培养活动,人是教育的基本服务对象。无论在哪个教育阶段,无论是何种教育课程,满足人生存发展需要,促进人的全面发展都是教学的核心。所以,学生成长的直接需求应是大学英语教学目标的主要生成内容。

学生的需要是相当复杂的。第一,这种需要是不断变化、不断生成、不断发展、不断提高的。第二,这种需要具有年龄阶段性和个体差异性等特点。第三,按照时间的流动来划分的话,它有现实生活需要和未来生活需要的分别。第四,学生的大多数需要是本人能够主观地、清晰地意识到的,但也有些需要学生本人不能意识到或不能清晰地意识到,需要教师的帮助引导,才能逐步发展为自觉需要。第五,从学生需要的角度看,学生在成长的过程中既有提高知识能力的需要,同时也有发展情感与价值观的需要。所以,学生需要的内容也是相当丰富的。

2. 英语课程范式的内在要求

大学英语教学作为影响大学英语教学目标的基本生成，是一种"原生生成"。从形式角度来审视，大学英语教学表现为一种知识体系，课程内容也就表现为知识选择或知识组织。现代课程理论普遍认为，知识拥有两方面功能，即学科自身的特殊功能（专业化研究所必备的属性）与工具功能（满足人的生存发展需要）。特殊功能指向学科知识本身的创新与建构，学科本身规律的探讨被放在首位，工具功能指向学科知识的运用，学科在教学体系中主要体现的是它的工具价值。

在制定英语教学目标时往往过于强调学科的特殊功能，将教学目标定位在把每一位学生都培养成英语领域的"达人"，而忽视了英语学科的工具功能，由此造成学科内容忽视大部分人在社会生活中对该门学科知识的需要。

高等教育将英语纳入教学体系的目的并不在于要培养专业的英语人才。英语作为一门课程进入大学教学体系之中，其是以满足个人社会生活需要为主要目的，同时也包括对学生学习生活需要的满足。

所以，依据英语学科的功能来确定教学目标时，应避免出现教学目标定位过于重视学科特殊功能而无视学科工具功能的倾向。除此之外，也要避免过于重视学科工具功能而无视学科自身规律及英语学科所拥有的价值倾向。因此，在制定英语教学目标时必须符合这些英语学科的基本规律。

3. 高等教育目标的本质要求

大学英语是在高等教育这一特殊教育类型中开设的英语课程。因此，高等教育的特点是制约大学英语教学目标的主要因素。高等教育不同于其他阶段的教育。与其他阶段的教育相比，高等教育一般有一个专业或者研究方向，强调牢固基础，学科理论的完整性是其核心要求。高等教育以大学生就业与学术研究为依据，以就业与研究的"必要"理论知识来构建，需要开设哪些课程，均由就业情况与学术研究所决定。高等教育强调的是创新能力的培养，除了具备专业能力之外，还应掌握相应的理论知识,具有未来发展的潜能与创新能力。

4. 社会发展的现实需要

所谓社会需要,其指的是社会政治、社会经济、社会文化的飞速发展对大学英语教学提出的具体要求。大学英语教学要与德育、智育紧密配合,培养全面发展的新时代大学生,这是确定大学英语教学目标的首要依据。

对于大学生而言,他们始终是要走出校园进入社会的,大学教育的一个关键任务就是要使学生迅速社会化。社会发展的现实需要主要是通过个体发展需要来实现的,满足大学生所需,促进学生的全面发展与满足社会发展需要可以说是一致的。学生发展与社会发展有统一的方面,社会的健康发展有利于学生的健康发展,社会的负面发展则会影响到学生的正常发展;反之,学生的健康发展更有利于社会的良性发展,学生的负面发展则会影响到社会的正常发展。所以,在现实生活中,学生健康发展的主要标志,就是此种发展能否有利于社会发展。除此之外,社会健康发展的主要标志,就是使学生获得良好发展。

在"互联网+"时代,社会对人才的基本要求可概括为健康的身体、卓越的才能、良好的心理素质以及团队合作精神。大学英语教学作为促进学生全面发展的重要学科之一,在培养符合社会所需人才方面发挥着重要作用。

(二)大学英语教学目标的取向

大学英语教学目标是特定教学宗旨在课程中的具化表现,所以,大学英语教学目标必然具备一定的取向。大学英语教学目标的基本取向,是指人们对大学英语教学目标的整体看法与认知。

学生需要、英语课程范式的内在要求、高等教育目标、社会发展的现实需要作为大学英语教学目标,过于强调其中一者,就有可能让教学失衡。若大学英语教学目标总是被动地去适应高等教育目标,英语教学就有可能丧失其独立性,逐渐沦为其他学科的附庸。若大学英语教学目标是为了满足学科发展需要,过于强调学科的特殊功能,而将教学目标定位过高,就可能让英语教学与学生的现实生活相分离,使教学丧失现实价值。若大学英语教学目标是为了满足学生需要,教学就很可能出现被学生"牵引"的情况,从而导致教育引导与促进学生英语能力提高的功能被架空的局面。所以,为了使大学英语教学均衡发展,并使其功能得到真正发挥,有必要权衡多方面要求的利弊并做出合理选择。①

二、大学英语教学目标的重构与体现

(一)大学英语教学目标的重构

大学英语教学目标的确立与学科功能之间具有紧密联系,学科功能主要包括两方面内容,即学科的特殊功能与工具功能。近年来,一些学者对大学英语功能的开发日趋多元化,如促进社会化、社会交往等,这为我们确立多元英语教学目标奠定了坚实的基础,同时也为我们改变传统英语教学目标过于重视认知类目标,而无视学生情感、态度等目标的弊端提供了依据。在大学英语教学目标的构建过程中,需要考虑到英语教学在实现工具功能方面的局限性。大学英语教学必须与其他课程紧密协调,与社会教育、家庭教育紧密协调,由此方可实现英语教学的工具功能。所以,在确定大学英语教学目标时要了解目标实现的客观条件,避免泛化,从而避免给教学实践带来问题。

除此之外,大学英语教学目标实现的一个重要方面就是特殊功能的实现。强调工具功能,是为了实现提高学生英语能力的目标。但是,大学英语教学目标的构建还应突出体现其特殊功能。从本质角度来审视,促进学生英语能力提高是大学英语教学最基本的功能,而其他所有功能都是在这个功能的基础上逐渐衍生出来的。所以,在大学英语教学目标体系的构建过程中,无须过分追求大学英语功能的面面俱到,而应在忠于大学英语特殊功能的前提下,协调它与其他功能之间的关系,由此满足教育目标的要求。

---

① 柯宁立.大学英语教学分析研究[M].天津:天津科技翻译出版有限公司,2018.

随着目标理论研究的深入,西方国家的现代教育理论对我国的英语教学优化产生了深远的影响。这些理论为我们构建大学英语教学目标提供了诸多启示。在构建大学英语教学目标时,我们首先要区分目标中的显性目标与隐性目标,也可将其称为学科目标与超学科目标;然后根据显性目标和隐性目标所要达成的效果分别确定效果目标;之后以效果目标为基础确定学习领域目标。

(二)大学英语教学目标的体现

1.教材结构体现英语教学目标

大学英语教学目标首先区分了学科目标与超学科目标,然后根据学科目标和超学科目标的实现效果分别确定语言能力、语言素养、终身语言学习等效果目标。此后,在上述效果目标的基础上确定学习领域目标。大学英语教学目标的构建是具有原则性的,为了更好地实施这一规定,需要细化目标,唯有细化和具体化,才能更好地在教材中得到体现。大学英语教材多种多样,这些教材往往依照英语理论进行分类讲述,不能体现出英语教学目标的要求。英语教材是英语教学的蓝本,英语教学过程又是实现英语教学目标的主要途径。所以,如何构建大学英语教学教材体系,如何在教材中体现教学目标的要求是切实实现大学英语教学目标的核心环节。

虽然英语教学过程不是英语教学目标的内容,但却是教学目标实现的主要路径。英语教学过程虽然不是目标,但大学英语教学强调要从过程的角度优化英语教材,把过程提高至一定的高度来认识。强调学生要参与教学过程,与教师、同学合作,共同发现并解决问题,倡导自主性学习。这正是目前大学英语教学需要优化的地方。过程是事物发展变化或人认识客观对象而经过的程序和途径,英语教学过程主要是指学生认识英语的认知过程和教师施教的活动过程。为了更好地体现这种过程,需要对英语教材的呈现方式与比例结构进行有效优化。

2.教材内容设计体现英语教学目标

第一,要强调过程性。在大学英语教学过程中,广大英语教师已经逐步认识到"重结果,轻过程"的弊端,体会到学生学习过程和教师教学过程的重要性,并力图优化教学过程和方法,在英语知识的形成与应用过程中提高学生的英语能力。对"过程"的把握有利于学生对英语知识的理解和掌握。注重过程必须让学生在英语学习中去"经历",让学生在这些过程中发掘具体的知识、技巧或方法。过程性目标并不像人们所熟悉的结果性目标那样易于操作和评价。这些过程性目标总有点让人无法捉摸,也许经过一段较长时间的活动,学生似乎没学到什么实质性的东西,只是在思考与交流,而且很难考查和评价学生这些目标的达成情况。在教学实施过程中,应提供一定的活动素材,给予学生一定的实践机会,让学生通过自身实践实现过程性目标。在教材编制中,应提供大量与现实生活相近的背景,要求学生通过一定的自主探索和合作交流,从中体会某一语法或词汇的规律,在这样的过程中,发展学生的理解能力、学习经验以及英语兴趣,从而初步形成学习价值观。

第二,要强调活动性。在英语学习过程中,学生能积极参与英语学习活动,并从中获得一定的成功体验,从而对英语产生兴趣和探索欲,建立提高英语能力的自信心;同时,在英语学习过程中,通过学生的合作交流,克服一定的困难,获得英语能力的提高,由此发展学生自我克服困难、与同学合作交流的能力。学生情感目标的实现取决于学生参与的活动,在这样有设计的课程中学生能够克服困难,感悟到合作的重要意义,并学会与他人交流的方法。所以,在教材编制与教学过程中,应创设大量的学生活动机会,在活动中促进学生情感目标的实现。诚然,这种活动既可以是操作性的,也可以是思考性的。需要强调的是,在设计教材活动时,还应注意可操作性与层次性等问题,力图让所有学生在活动中都可以获得一定程度的成功体验,使英语学习成为一个既积极、又愉快,既理想、又现实的过程,学生在该过程中能够体会到英语的学习乐趣。通过广大学者和英语教师的教学研究和优化,加强活动教学,已经初步实现了情感方面的目标。

第三,要强调层次性。循序渐进地展开有关英语知识、英语学习技巧的学习,不仅是英语教学发展的必然要求,同时也适应了学生的英语认知规律。《大学英语教学大纲》要求大学英语教学要紧抓教学目标,并且要注重课程的文化内涵;大学应根据学生自身特点与信息化建设情况来设置英语"互联网+"时代的英语课程,力求多样化,从而为学生提供更大的选择空间;要重视课程目标对提高学生英语能力的实效性,注意与高中英语教学目标的有效衔接;注意教学目标与英语学科发展的适应性,能够充分反映英语学科的最新发展状况;要强调以学生为本,遵循学生发展规律,不仅要适应学生身心发展所需,同时也要适应社会发展所需,以便学生更好地自学自练;英语教学要充分体现与国际的接轨,弘扬我国传统教学思想,积极汲取国际先进教学理念,彰显传统与发展。英语教学应采用循序渐进的方式来进行学习价值观的渗透。这种递进式的教学目标设计体现了学生认知发展的现实情况,必然能够获得良好的教学效果。

第四,要强调现实性。英语来源于生活,更服务于生活。目前,终身语言学习思想已得到了广大英语教师的广泛认同,发展学生的终身语言学习能力是大学英语教学的基本目标之一。英语意识是指人们参与英语锻炼的积极性和主动性。鉴于此,应该加强英语课程的组织与设计,让学生充分参与其中,在学习中感悟到团队协作与自我提高的乐趣,从而提升其自信心。仅有的英语理论基础尚不能有效形成英语意识,在教材编制与课程实施过程中,应重点体现英语技能的形成与应用,以"问题+探索+应用"的模式设置课程目标,使学生在知晓英语理论的基础上,掌握相应的学习内容,从而促进学生形成积极的英语学习态度。

第五,要强调差异性。《大学英语教学大纲》规定大学英语教学要根据高等教育的整体要求,面向所有学生开设多样化的英语课程,从而打破原有的专业限制,从而满足不同学生的差异化需要。学生个体的发展不可能是整齐划一的,大学英语教学要为每个学生提供具有差异化的发展机会,尽可能地做到既面向全体,又针对个体,使学生得到应有的发展。鉴于此,在教材编制与课程实施过程中,应力图突出内容的差异性。对于相同的教学目标,也要关注其差异性,使不同的学生得到不同的发展。大学英语教学应尊重学生已有的经验,把现实情境融入课堂,鼓励学生发展自我特长,促进学生之间的交流合作,在这个过程中促进学生的共同发展。

第二节 大学英语教学的原则

在"互联网＋"这一时代背景下,我国大学英语教学需要遵循的原则主要有三条:自主式学习原则、互动式教学原则、多元式评价原则。

一、自主式学习原则

互联网的发展与进步迅速渗入人们的生活中,对人们的学习、工作与生活都产生了巨大的影响,与此同时,互联网技术也在逐渐深入我国大学英语教学中,且正以前所未有的速度向更深层次发展着。正如前文谈到的,"互联网＋"这一时代背景下的大学英语教学逐渐由原先的教学模式(即以教师为中心、单纯传授语言知识)向新型的教学模式转化(以学生为中心,学生主体、教师主导,不仅传授相应的语言知识,同时还注重培养学生的个性技能,包括语言运用能力、自主学习能力等)。新型的教学模式需要以计算机和网络信息技术为基础,将图片、声音、动作等融合成一种新的形式然后通过多媒体、电脑等传播工具展现给学生,其传播形式具有较强的开放性、共享性和自主性。将"互联网＋"与大学英语教学相结合,将线下教室中的课堂教学与线上网络教学相结合,始终将学生作为教学活动的中心与主体,注重培养大学生运用英语的能力,促进大学生的全面发展是当前"互联网＋"时代背景下大学英语教学必须达到的要求。所谓的"自主式学习"指的就是在大学教师的指导下,学生能够通过各种方式进行自我探究式学习并最终完成预定学习目标的一种学习方式。"自主式学习"较为典型的表现形式就是教师对学生学习的参与度和干预度降低,而学生的学习能动性与独立性得到了增强。"自主式学习"相比于传统的学习方式有了很大的进步,将学生的主体性完全地体现了出来。

"自主式学习"方式是以教师为主导、学生为主体的学习方式。这里所说的教师主导指的就是教师创造出有利于学生学习的环境,在学生学习的过程中充分发挥自身的引导与指导作用,从而达到认识知识、理解知识并掌握知识的目的。而"自主"则是相对于传统的依赖式的学习方式而言的,其是一种学生独立学习的方式,但需要注意的是,自主学习并不是自由学习,其是有教师作为指导与监督的。"自主式学习"方式要求学生有较强的学习欲望、积极的学习态度以及明确的学习目标,然后通过有效的学习方法以及教师的指导完成学习任务,"自主式学习"这一学习方式强调的是在学习目标指引下学生进行的自我调控、主动参与以及学习目标的自我实现,充分强调学生的主体性,使学生的主观能动性得到发挥。

二、多元互动教学原则

教学活动从来都不是单向的活动,它需要教师的教和学生的学充分地结合在一起,否则就无法构成教学活动,教学活动所产生的效果也并非取决于教师的教或者学生的学,而是要看教学活动中教师与学生的互动程度,这一互动产生的效果往往就是教学活动的效果。所谓的多元互动教学指的就是在大学英语教学过程中,教师与学生、学生与学生、教学主体与教学客体之间的相互影响和相互作用。多元互动教学的宗旨就是要促进学生的认知重组,实现这一宗旨的方式就是促进教师与学生、学生与学生之间的全方位、多层次的沟通与交流。这一教学方式使课堂活动中的各个独立部分(教师、学生、多媒体、教学内容等)连接成了一个完整的整体,使彼此相互融合,从而达到良好的教学效果。通过互联网、数字技术和多媒体等现代技术的使用,使学生置身于真实的或者是拟真的英语学习环境中,然后运用英语语言知识和技巧对这一语言进行模拟训练等一系列的实践操作,这样的学习过程对于学生掌握英语有着极其重要的意义。从这个层面来说,互动与沟通是英语学习过程中一项非常重要的活动,是学习英语的有效途径。

英语是世界上一种非常重要的语言,对这一语言进行教学的过程中,大学英语教师应该充分意识到英语不仅仅是一个知识体系,同时更是一个技能体系,有着非常强的实践性和实用性。[①] 英语教学是师生共同参与、相互配合的过程,需要在互动与实践中完成。通过多元互动交流,学生可以在交流中不断地发现语言学习规律和语言使用规则,并将这一规律和规则应用于学习与交流中,以此形成良性循环,最终达到习得英语这一重要语言的目的。

三、多元评价原则

对大学英语教学活动进行评价的时候必须遵循多元评价的原则。对教学活动的评价需要考虑到各个因素,比如当代社会对英语能力的要求、大学英语教学中教与学的条件、大学中的英语教师师资水平、教学过程中所用到的教学方式和教学手段等,只有将各种因素综合起来进行充分考虑才能够体现出教学评价的功能与价值。自从各种现代信息技术介入教学活动之后,在教学界出现了很多新的教学现象、教学特点、教学模式等,这也势必会引起教学活动评价体系的调整与优化,以确保在"互联网+"时代背景下我国大学英语教学取得新的进展。

在大学英语教学活动过程中,能否对大学英语教学做更进一步的改革,不仅取决于大学英语教师采取的教学方法或是教学手段以及学生学习英语的学习方法和学习态度等,同时还与多元化的教学评价模式有着重要的联系。多元化的教学评价模式能够以评促学、以评促教、学教并重,从而更好地实现教学活动的预定目标。

多元化的评价模式指的就是教学活动评价的主体具有多元性的特点,同时评价的标准也呈现出多维度的特点,简单来说,教学评价是由教学管理者、教师、学生等主体一起参与,采用形成性评价、终结性评价,以及教师评价、学生自评、学生互评等评价方式,对教师的教与学生的学进行全面而综合的评价。这一多元化的评价方式不仅注重学生的学习结

---

① 李晓玲.大学英语教学方法研究[M].西安:陕西科学技术出版社,2020.

果,同时也注重课堂教学活动的过程,关注学生在学习过程中的自我反思与自我提升。不难看出,"互联网+"时代背景下的教学评价实际上是一个非常开放、非常灵活也较为客观、科学的评价体系,多元化的评价形式主要有课堂教学评估、问卷调查、师生座谈、校内考试等。多元化的评价方式使学生在评价活动中具有了双重身份,即评价的对象和评价的主体。

在"互联网+"时代背景下,上述三个原则有机结合,构成了大学英语教学的完整而科学的体系。自主学习有助于大学生弱化对教师的依赖,通用语言的目的;多元互动的教学使教师不再占据绝对的中心地位,学生在课堂上充分发挥自身的主体作用和主观能够性,教师扮演着指导者和引导者的角色,这样的教学方式有助于提高教师的教学效率,同时这一教学原则将各个教学因素连接为一个整体,使教学活动的成效更加明显;多元的评价方式使传统的教师按照学习成绩对学生进行终结性评价的评价方式发生了彻底的改变,使学生成为评价的对象和主体,有助于学生发现自身存在的问题并及时改正,学生之间的互评也有利于激发学生的学习积极性,形成良性竞争。这三种原则的结合对于大学英语教学质量的提升起着举足轻重的作用。

第三节 大学英语教学的影响因素

"互联网+"时代背景下的大学英语教学实际上就是将互联网和多媒体作为大学英语教学的平台和教师与学生交流的媒介,学生在教师的参与和指导下完成学习任务,培养出具有一定自主学习能力并能够熟练掌握英语这一重要语言的人才。但需要强调的是,无论是传统教学模式还是"互联网+"时代背景下的新型教学模式,教师和学生都是教学活动中两个较为重要的因素,教师与学生对于教学活动的展开有着非常重要的影响。

一、教师因素

在"互联网+"的时代背景下,教师是学生学习活动的重要参与者,对于学生学习有着重要的引导和指导作用,因此教师自身的各项技能对于学生的学习有着重要的影响。随着互联网的发展,其逐渐走入大学课堂教学,因此大学英语教师对于互联网的应用能力深刻地影响着大学英语教学活动。大学英语教师对于新技术的使用能力也是教师教学技能的重要组成部分,是衡量教师能力的重要标准之一,但需要强调的是教师的教学技能也受到教师对新技术使用能力的制约,可以说教师自身的教学技能是影响教师使用新技术的主要因素。不难看出,教师的教学能力与新技术的使用能力是相互影响、相辅相成的。影响大学英语教师使用新技能的重要因素主要有三个,第一是信念;第二是教师对新技术(互联网)的有用性和易用性感知;第三就是教师的群体倾向。

(一)信念

教师要有使用新技术的坚定信念。合理的教师信念体系是因文化、社会和时代的变化而变化的动态系统,需要在实践中得以调整。"互联网+"与英语教学整合的教学观念刚刚形成,教师的信念体系还不稳定,可能反弹或无法落实。没有社会、学校和人文环境的支持,再坚定的信念也会发生动摇。另外,要建立计算机网络与外语课程整合能力培训机制,进一步健全大学英语教师的信念。随着信息技术的日益发展,在外语教学上,计算机在教学中占据的位置越来越重要,为了有效地进行外语教学的改革,应该改变观念,把计算机网络与外语课程进行全面的整合。教师培训必须跳出原来的框架,不再局限于单纯的计算机技术能力的培养,而是首先澄清、落实和强化新模式的理念并转化旧模式的理念;其次,应强调信息技术与外语实际课堂相结合。

(二)对新技术(互联网)的有用性和易用性感知

有用性感知和易用性感知是技术接受领域十分重要的两个概念。用户对某项新技术的有用性感知会直接影响其使用意愿,易用性感知既可以直接影响其使用意愿,也可以有用性感知为中介间接对使用意愿产生影响。目前一些研究已表明,大学教师对网络教育技术的有用性感知会直接影响使用意愿,易用性感知与网络教学意愿和有用性感知呈现显著的正相关关系。

(三)教师的群体倾向

文卡特斯与戴维斯指出,组织群体内部重要人物的态度和行为会潜移默化地影响个体对某项技术的使用选择。孟静雅认为,群体倾向会直接影响教师实施网络教学的实际行为。

二、学生因素

在"互联网+"这一时代背景下,大学英语教学正向着促进学生自主学习的方向发展。学生利用网络进行自主学习是学生主观能动性与计算机网络辅助并用的一种学习模式。要想保证学生自主学习的效果就需要从两个方面做出努力:第一,提高大学利用网络进行自主学习的能力;第二,激发学生利用网络进行自主学习的积极性。除此之外,培养学生的批判性思维对于学生的网络学习也有着重要的影响,其可以帮助学生辨别网络信息,筛选出有用的信息并对其进行理解、分析与应用,最终使网络上的知识变成自己的知识。在英语学习过程中,如果学生缺乏一定的感悟能力和逻辑思维,就让其进行自主学习是非常困难的。所以,在"互联网+"这一时代背景下,大学英语教师需要注重培养学生的感悟能力和逻辑思辨能力。

(一)网络自主学习能力

由于是借助网络进行的学习,所以培养学生的网络自主学习能力是十分必要的。大学教师可以通过以下几种方式对学生的网络自主学习能力进行培养。

第一,在课堂教学过程中,大学教师不断地告诉学生自主学习的重要性,向学生输入自主学习的观念,让学生意识到网络环境下自主学习的重要性,并在潜移默化中使学生养成自主学习的习惯。

第二,课堂教学中,教师给学生留出充足的时间和空间,通过布置任务的方式让学生逐渐养成自主学习的习惯,培养他们自主学习的能力。

第三,向学生普及校园网络的自主学习系统和校园网资源,督促学生进行自主学习。

第四,向学生详细地介绍在网络环境下自主学习的方法与策略,激发学生自主学习的动力。

第五,鼓励学生通过网络学习,建立学生交流讨论的平台,比如微信群和QQ群。

第六,教师自觉担任起网络交流的组织者,鼓励学生在网络上进行交流,在相互探讨中使学生有所收获。

第七,教师需要经常向学生推荐一些网络学习的软件或网址,给学生提供充足的网络学习资源。

(二)网络自主学习积极性

教师要想提高学生利用网络进行学习的积极性可以从以下几个方面入手。

首先,大学英语教师需要在课堂上向学生展示互联网的强大功能,通过互联网和多媒体的使用使教学内容变得更加生动、直观,也可以课前播放一些与教学内容相关的影片,吸引学生的注意力,让学生喜欢互联网与多媒体相结合的教学模式,这对于学生自主学习积极性的提高有着非常重要的作用。

其次,教师特有的人格魅力和自身吸引力也是提高学生学习兴趣的重要因素,教师应该通过自身吸引力的不断提升引导学生自觉地进行网络自主学习,提高学生的学习积极性。

最后,注意缓解学生在使用网络进行学习的过程中所产生的不良情绪。不良情绪对于学生网络学习的积极性有着显著的阻碍作用,因此在学生进行网络学习的过程中需要对学生进行及时的引导与指导,避免学生产生不良的情绪从而影响学生的学习积极性和学习效率。

(三)批判性思维能力

"批判性思维"指的就是对各种信息进行综合、分析和使用的能力,以及对各种信息做出正确的推理和判断的能力。对于大学英语学生来说,批判性思维指的就是英语学生通过网络查找资料时对于资料真实性与准确性的判断,并能够筛选出有用的学习信息,进而促进自身的网络学习能力。在"互联网+"这一时代背景下,学生面对的海量学习信息之间一般都有着千丝万缕的联系,面对相互联系的网络知识点,学生需要有求异的思维,挑选出对自己学习有用的信息。①

批判性思维主要包括六项认知技能和七个维度的思维倾向,其有着以下三种显著的特点。

1. 对思维进行审视

约翰·查菲指出,"批判性思维的实质是仔细检查自己的思维和他人的思维。"当学生对自己和他人的思维进行反思的时候,必须对被反思的思维进行全方位的、多视角的审视,甚至包括其他批判主体的评判。"互联网+"环境下英语学生的批判性思维是全面审视自我和他人思维的思维,也是一种跨文化的思维。

2. 独立的思考活动

理查德·保罗曾经指出,只有深刻地质疑自己的思想架构,不被自己的观点蒙蔽双眼,才能称得上一个真正意义上的批判性思维者,仅仅挑战别人的假设和论证是弱的批判性思维者。"互联网+"环境下英语学生批判性思维使学生积极主动地投入相应的网络学习活动中,并对此进行创造性的思考,进而做出正确的判断。

3. 反思的思维活动

约翰·杜威认为:"对于任何信念或假设性的知识,按照其所依据的基础和进一步导出的结论,去主动、持续和周密地思考,就形成了反省思维。""互联网+"环境下英语学生批判性思维以创新为主旨,是对超量信息思维的再思维和再批判的循环学习过程。

三、网络资源开发的因素

网络教学资源的设计将现代教育教学理论作为设计的理论依据,按

---

① 孔丽芳.大学英语课堂教学艺术与应用实践[M].北京:九州出版社,2018.

照一定的要求通过对学生进行系统而全面的分析,从而制定出合适的教学目标、教学内容等,设计出适合教学内容的网页,再选择合适的教学方法和途径实现教学目标。

网络资源的开发通常有以下四个步骤。

(一)分析

分析是网络资源开发的第一个重要环节,其主要包括三个方面的内容:首先,对学习条件进行全面而深入的分析,其指的就是对学生的学习能力和已有的经验进行全面的了解与分析,同时对于学生的学习环境和学生已经掌握的技能也要有一个全面的了解;其次,要明确学习目的,这一学习目的包括学生对知识的需求、教师进行课程教学的目的以及教学目标的确立;最后,对教学内容进行全面而深入的分析,教学内容的确立并不是盲目进行的,而是以教学目标的要求为确立依据的。对教学内容的分析包括多个方面,比如对教学内容进行知识结构的分解、明确各个教学内容之间的关系、设计教学内容流程图以及查找教学资源等。

(二)设计

设计是网络资源开发的第二个环节,也是非常重要的一个环节。网络资源的设计主要有三个方面的内容:首先,教师需要对教学的构件进行选择,明确在教学过程中需要用到的文本、图片、音频等,并对其进行搜集、选择与整合,最终形成课堂教学资源。其次,教师需要选择合适的教学方法和策略。教师需要针对不同的知识点设计出不同的教学策略,并选择与教学策略相对的网络运用技术促进策略的实施。[1] 最后,教师需要设计合适的教学情境并对这一情境进行有效组织。教师在课堂教学之前就需要把教学构件按照一定的顺序放置在课件框架或是多媒体桌面中,并建立各个构件之间的连接关系,方便课堂教学。

(三)评价

评价是网络资源开发的第三个环节,其主要由三个方面的内容:首

---

[1] 刘红,刘英,潘幸.英语核心素养与英语教学[M].长春:吉林人民出版社,2021.

先,教师需要对评价资源的设置进行仔细检查,根据相应的评价要求对教学内容进行核对,认真核查构建与教学内容之间是否匹配,使评价标准与教学内容相符合;其次,对学习评价进行初次尝试。教师对学生的评价可以先在小范围内尝试,了解资源软件的运行情况,对学习中的资源使用效果进行调查。最后,对评价设计进行及时的完善与调整。教师对于资源开发评价系统存在的缺陷和问题进行及时的弥补与修改,完善与调整之后还是要进行相应的试行,直到满意为止。

(四) APP

APP是网络资源开发的最后一个步骤,也是较为重要的一个步骤,是网络资源开发得到实践的重要表现。网络资源开发的环节主要包括两个方面的内容:第一,促进APP的广泛传播。可以邀请专家或学生对APP进行评价审核,并且将开发的资源文件植入互联网中,促使APP得到实际的应用;第二,对开发的APP进行及时维护。对教学资源网站进行维护、对教学内容进行频繁更新、对学生的问题和反馈给予及时的解决和答复等,都是促进网络资源实践的有效方法。

第二章 学生个体差异、情感因素与大学英语教学

第一节 学生个体差异与大学英语教学

一、学习观念与大学英语教学

(一)大学生英语学习观念分析

1. 自学为主

我国很多学生在中学阶段的英语学习中,由于逻辑思维能力发展得不是很成熟,比较依赖教师的课堂讲授。然而当学生步入大学之后,英语以学生自学为主,这与中学的英语学习有很大的不同。

在大学的英语教学中,教师采用的是主导式的课堂教学方式,即教师在课堂上的重要工作就是对学生的英语学习内容进行讲解和答疑,讲授相关的技巧,然后教师再布置一定量的英语课下作业,定期开展英语测试等方式来检验学生的英语学习效果。因而在大学英语教学的课堂中,教师不再像中学英语课堂那样重点讲授英语句型、句式、语法等内容。这就要求大学生在大学的英语学习中要充分做好英语预习的准备和英语的及时复习工作,同时大学生在英语课堂上要积极主动发言,争取更多的英语发言机会。总之,大学生在学习英语时,不能仅仅依靠教师的教学,大学生还要养成自学英语的好习惯。

2. 整体提高

对学生的英语学习而言,其听力学习、口语学习、阅读学习以及写作学习等都非常重要,各项英语能力的培养对学生的英语综合能力都至关

重要。其中,听和说这两部分是英语学习最先接触的部分,而阅读则是学生进行听和说的重要基础。学生要想大幅度提高自身的英语听力和口语水平就必须阅读大量的英语资料,只有保证充足的英语语言输入,学生才能有高质量的语言输出。另外,英语的听、说、读、写这四个方面都联系紧密,相互影响,因而大学的英语教师在教学中要注重提高学生的整体英语水平。

因此,学生在学习英语的过程中要重视提高学生英语的整体水平,不能片面地只注重提高英语某一方面的能力,这样将会阻碍学生英语综合水平的提升。总之,学生在英语学习中要同步提高学生的听、说、读、写等各方面的能力。[1]

3.循序渐进

学生的学习本就是一个长期的过程,因而学生在英语的学习的过程中一定要遵循循序渐进的原则,不能想着一蹴而就,不要想着走捷径,找到快速提高英语水平的方法,那样是不科学的。学生只有在长期的英语学习的过程中日积月累,不断学习新的知识和技巧,才能逐步提升自己的英语综合实力。学生的英语学习一定要经历一个量变到质变的过程。学生的英语听力、阅读、口语以及写作学习都是一个长期的学习过程,都需要学生持续地学习才能看到成效。总之,大学生的英语学习是一个循序渐进的过程,需要学生坚持不懈的努力。

(二)基于学生学习观念的大学英语教学

英语这门学科具有较强的实践性,学生在学习英语这门语言时,不仅要掌握一定的语言基础知识,还要掌握一定的语言应用能力。学生应用英语依赖实践活动,而学生参与教学的程度如何则又产生不同的教学效果。我们认为,为了更加符合学生的学习观念,教师在英语教学过程中应该注意以下几点。

1.改革教学结构,调动学生的学习积极性

在大学的英语教学中,教师要想在教学中实施自主学习的策略,就需

---

[1] 丁煜.大学英语教学多维探究[M].武汉:华中科技大学出版社,2021.

要厘清师生之间的关系。在学生的自主学习中,学生才是学习的主体,学生要积极主动地学习,同时教师要给学生的自主学习提供适当的指导。

学生学习英语语言是一种基本的技能,这种语言技能单独依靠教师的教学是很难掌握的,它还需要学生主动把这些技能内化为自己的技能。在我国传统的英语教学模式中,教师是课堂的主体,学生在课堂上是被动地学习,学生在课堂上几乎没有英语实践的机会,这就大大地打击了学生学习英语的积极性。因此,在大学的英语教学中,大学一定要改革教学的结构,树立学生才是英语学习的主体这种意识,教师在大学教学中一定要多为学生提供英语实践的机会。总之,教师的主要作用就是帮助、指导学生的英语学习。

在具体的英语教学中,教师为了给学生提供较多的英语锻炼机会,教师在教学中通常都会改变传统的教学方式,采用更加多样化的英语教学手段,从而使得学生在英语课堂中可以有更多的用英语发言的机会,学生可以和教师或者其他同学积极地用英语进行交流,从而督促学生开口说英语,通过这种方式也能锻炼学生的英语口语能力。

此外,教师还可以通过观察学生的兴趣把学生按照兴趣进行分组,使学生可以在兴趣小组内学习英语。在英语课堂中,教师也要想办法采用多种课堂形式来吸引学生的英语兴趣,使他们愿意主动参与到课堂的话题或者问题讨论中。

2. 利用计算机技术,引导学生开展自主学习

英语课内外学习时数的比例不低于1∶2,这就说明,学生应该用两倍的课堂时间来进行英语的自学。在这种要求下,我国的大学和英语教师应该如何逐步培养学生的自学能力呢?

随着信息技术时代的到来,学生在日常的学习中就可以充分利用先进的网络技术来辅助学生的英语学习。利用互联网学习可以搜索和查询很多英语学习需要的资料,而且学生利用计算机开展英语的自主学习可以突破学习时间以及空间的限制,大大提高了学生的英语学习效率。需要注意的是,教师要引导学生合理地利用网络开展英语的自主学习,告诫学生千万不能沉迷网络游戏。

中国已经建立了很多网上英语学习网站。此外,很多大学的官网上也有关于英语学习的网页,方便学生的英语自学。

总之,我们认为,在大学生的英语学习中,利用计算机网络技术来辅助自主学习英语是一条高效的途径,值得鼓励和尝试。

3. 加强对学生英语学法的指导,培养学生自主学习能力

众所周知,大学的英语教师在课堂中会讲授大量的英语知识,学生在课堂上是很难完全掌握教师讲授的知识的,这就需要学生在课下自主主动地复习课堂上学习的知识,只有这样,学生才能基本掌握这些内容。另外,学生要想真正掌握英语这门语言,他们还需要在课下自主学习更多的英语资料,并在合适的场合应用英语。

实际上,在英语学习中,学生没有掌握科学的、适合自己的英语学习方法才是学生英语学习效率低的根本原因。因而在实际的英语教学中,教师除了要教授学生英语知识,一定还要恰当指导学生的英语学习方法,即教会学生学习,尤其是学生的自主学习。

在具体的教学中,教师一定要花较多的时间向学生讲解与英语相关的学习方法,学习方法涵盖的内容范围非常广泛,有课堂的预习方法、英语知识点的记忆和复习方法、英语的听力技巧、口语技巧、阅读技巧以及写作技巧等。学生只有掌握了适合自己且科学的英语学习方法,才能在大学的英语学习中达到事倍功半的效果。

二、语言潜能与大学英语教学

(一)语言潜能概述

1. 对语言潜能的界定

语言潜能,有时候也被人们称作语言学能。通常情况下,"潜能"的定义指的是人们在学习某种特定技能的过程中所体现出来的与众不同,且又相对稳定的一种专门能力。在汉语的表达中,这种能力倾向也会被叫作"天赋"等。每个人可能会具有不同的"天赋",而且好多人的天赋都是表现在艺术的层面中。

语言潜能有两个重要方面：第一，语言潜能是两种能力的混合物，它包括语言处理能力和处理非语境化材料的能力。在学生具体的语言学习中，这两种能力都至关重要；第二，斯凯恩指出，他的观点中的潜能和语言的学习环境、课堂环境以及语言的习得环境等都有较大的关系。对语言潜能所下的定义适用于如下两种学习环境，即正式的语言学习环境和非正式的语言学习环境。

语言潜能这种能力是天生的，学生在后天的学习和训练中其实并不能提高很多语言潜能，因而语言潜能不同的人在学习第二语言时，其学习的速度和掌握程度存在较大的差异。

通过分析整合不同语言学家关于语言潜能的定义，我们得出，所谓"语言潜能"就是学生在学习一门外语的过程中所必需的认知素质或者学习语言的能力。事实上，素质和能力之间存在一定的紧密联系。而语言潜能就是充分利用学生的认知素质来分析和判断学生的外语学习潜能。

语言潜能的定义应用到具体的外语学习中，就体现为"语言潜能"是学生在学习二语的时候所表现出的一种相对稳定的专门能力倾向。通常我们认为，那些语言潜能比较强的人，其实就是人们常说的语言天才。然而，有一点需要强调，"语言天才"只是他们有较强的语言潜能，他们并不一定就是"语言学家"，二者之间有差异。当一个人拥有较强的语言潜能时，这个人就有较强的语言学习能力，然而语言学家必须拥有较强的语言研究能力。

2.语言潜能的构成要素

语言潜能的具体构成要素，主要包括四个方面的内容：第一，语音编码能力；第二，语法敏感性；第三，归纳性语言学习能力；第四，联想记忆能力。学生学习一门外语时，其语言潜能的发挥很重要。每个学生的语言潜能是不同的，具有个体差异。

(二)语言潜能理论在大学英语教学的应用

1.基于语言潜能理论的两种教学方法

在学生的潜能研究中，人们关注的重点问题就是如何根据学生潜能的不同开展教学，提升教学的实际效果。可以将语言潜能理论应用到英语教学中,斯凯恩提出了两种比较有效的教学方法,分别为:潜能—处置—相互作用方法和诊断性方法。

(1)潜能—处置—相互作用方法

潜能的结构跟潜能—处置—相互作用,简称为 ATI 研究设计,这个研究的主要目的在于探索和研究对特定类型的学生,在教学中采用不同的教学方法是否会有更好的效果。这个研究开展的重要前提条件就是,没有最好的方法,但是可能创造最佳的学习条件。

当教师采用的教学方法和学生所拥有的潜能层次相匹配时,则能促进学生的学习,可是如果教师采用的教学方法和学生所拥有的潜能层次不匹配,则不利于学生的学习。

另外,潜能研究也应该紧密联系课堂的教学过程,这是因为如果教师在大学的英语课堂教学中遵循因材施教的原则,那么教师就会让学生在教学中充分发挥其语言潜能。

(2)诊断性方法

通常我们认为,测试的方法有如下四种类型的测试,分别为:第一,潜能测试;第二,成绩测试;第三,能力测试;第四,诊断性测试。人们通常可以把上述第四种测试方式和其他三种测试方式进行结合,从而提升测试的效果,如教师在教学中运用诊断性潜能测试进行检测。在具体教学中,在授课之前,教师就可以利用诊断性潜能测试来测试学生,从而根据测试结果选择适合的教学方法。对学生的语言潜能进行测试还能使学生认识到自身的潜能以及优点,帮助学生认知自我,提高自我。

2.语言潜能理论在英语教学中的具体应用

在语言的学习中,学生的语言学习潜能是影响个体差异的重要因素。[①] 因而对大学的英语教师而言,其在教学中的首要任务不是挖掘学生的语言潜能,而是为学生的英语学习创设良好的语言学习环境。

首先,在教学中,教师不能强迫学生去开发和挖掘自身的语言潜能,而是要让学生明白:每个人都有不同程度的语言学习潜能,学生要根据自

---

① 管艳郡,朱荣萍,罗芳.高校英语教学及其语言学应用研究[M].长春:吉林人民出版社,2021.

己的潜能适度学习英语。在教学中,教师要让学生明白每个人都具有语言学习潜能,这是英语学习的重要基础。

其次,教师在教学中应该仔细观察和分析每位同学的学习潜能,然后根据不同学生的语言潜能来设计科学、适合学生学习水平的英语学习活动,并为学生的英语学习提供有针对性的学习材料,教师还要对学生的英语学习成果展开多样化的评价方式,与此同时,学生也要反思自己的学习行为。

在具体的教学实践中,如果学生的英语潜能表现得比较明显,这种情况下教师就可以充分利用学生的英语潜能开展英语教学,可是如果学生的四种英语潜能表现得都不是很明显,教师在教学中则可以观察和寻找学生身上其他方面的优势,然后引导学生利用其他优势来开展英语学习。在英语教学中,要想充分发挥学生的英语潜能,教师在教学中需要做到:坚持不断地告诉学生,你是可以学好英语的,你在英语方面是有较大潜能的。

三、认知风格与大学英语教学

(一)认知风格概念及种类

认知风格通常又被叫作认知方式,它主要是指个体在认知过程中所表现出来的习惯化的行为模式。在所有条件都相同的情况下,学生却有不同的学习效果,学习的进度不一致,这主要是因为学生的认知风格存在个体差异。

通俗地讲,认知风格就是学生所偏爱的、所习惯的一种方式。它与学生的个性相关,也与学生的情感和动机特征等联系在一起。据说,认知风格模式有70多种,而且在每种模式之下至少包含了两种不同的认知风格。到目前为止,引起语言学家足够重视的有"场依存型""场独立型""审慎型"与"冲动型"。

1."场依存型"与"场独立型"

在认知风格的研究中,学者根据一定的标准把认知风格分为"场独立型"和"场依存型"的认知风格。这种认知风格的分类对学者研究二语习得产生了较大的影响。

其中,场独立者在学习的过程中比较独立,他们能够独自分析和解决学习中遇到的问题,他们在学习中不易受到学习环境和其他学生观点的影响;而场依存者在学习中比较依赖教师,他们在学习时比较容易受到学习的环境以及其他学生观点的影响。总之,这两种不同认知风格的学生在学习中会采用不同的学习策略和方法。

在具体的语言习得中,认知风格属于"场依存"的学生在学习的过程中更加容易受到学习的环境以及学习周边其他人的影响。如果周围有其他人给场依存者一定的暗示,无论是积极的暗示或者是消极的暗示,这些暗示都会对场依存者产生较大的影响。[①] 通常情况下,场依存者在学习中更加倾向和喜欢的知识是人文类或者社会科学类的知识内容。并且场依存者在学习时更加喜欢集体学习这种方式,他们不喜欢单独学习,而且他们的情绪不是很稳定,容易有较大的情绪变化。

认知风格为"场独立型"的学生在学习的过程中通常都会有较强的学习动机,他们愿意主动学习相关的知识,更愿意在学习中开展探究式的学习。场独立者在学习语文等知识时容易出现遗漏、粗心大意的现象,但是他们往往具有较强的逻辑能力和分析能力,善于分析有歧义的句子或者文章等。他们通常都能依据自己的分析和判断来做出决定,很少受到别人观点的影响。在特殊的情况下,场独立者会表现得相对固执,不愿意听从他人的建议等。

有一点需要强调,我们这里划分的"场独立型"和"场依存型"这两种不同的认知风格的概念是相对的,并不是绝对的。在实际的学习中,很多学生的认知风格随着年龄、学习环境等因素的变化都会发生转变。而且还有一些学生的认知风格本身既有场依存型的特点,又有场独立型的特点。

2."审慎型"与"冲动型"

"审慎型"与"冲动型"这对相对的概念。它主要是指在不稳定的情况

[①] 胡晓霞.基于应用语言学理论下的高校英语教学研究[M].长春:吉林人民出版社,2021.

下个体做出判断和决定在速度上存在的差异。

"概念化速度"存在着非常明显的个体差异,主要可以分为两种不同类型:一类是"认知冲动型";另一类是"认知审慎型"。

审慎型和冲动型认知方式是用一种叫作"熟悉图案配对测验"的方法来进行测量的。测量时,实验者出示一个标准图案和数个相互之间有一点细微差别的模仿图案,要求受试者从模仿图案中挑出一个与标准图案匹配的图案。反应时间长于平均值而错误低于平均值的受试者属于审慎型,反应时间短于平均值而错误高于平均值的受试者属于冲动型。

在第二语言学习过程中,冲动型学生可能迈出许多快捷的步子;审慎型学生在某些阶段停留的时间会稍长一点,但是从一个阶段跨入另一个阶段的步子可能要大一些。审慎型的学生在完成需要对细节做分析的学习任务时,学习成绩较好。和冲动型的人相比,审慎型的人更加倾向场独立。

(二)不同认知风格的英语课堂教学策略

教师要积极采用和学生的认知风格相适应的教学策略,只有这样,学生的潜在能力才能被激发出来,其优势也才能得到彰显,取得较好的教学和学习效果。

1. 场依存型学生的英语课堂教学策略

场依存型学生指的是对学习环境的依赖性比较强的学生。针对此类学生,教师就需要使用情感策略来对其进行训练。当场依存型学生在学习中遇到困难的时候,教师要对其进行适当的疏导,做好心理辅导和情绪上的控制;当场依存型学生取得了一点成就的时候,教师要对其进行表扬和鼓励,这样能在一定程度上激发其学习的热情和信心。

在英语阅读和听力教学中,教师可以积极组织场依存型学生进行小组的合作训练,这样能把其自身的社交优势更好地发挥出来。在口语教学的课堂中,教师并不用过于担心场依存型学生,因为他们可以借助自身的比较优秀的社交能力来和教师、学生进行口语上的交流,与此同时,他们也会对英语角和英语演讲比赛之类的活动非常感兴趣,并且积极参与其中。

2. 场独立型学生的英语课堂教学策略

场独立型学生指的是很难受到外界环境的影响,比较具有独立性,但是并不是很了解社会上的信息的学生。场独立型学生往往对某一事物有自身的见解,并且很擅长对自己的学习进行指导,所以,教师并不需要在他们身上投入太多的时间和精力用以激发他们的学习兴趣和动机。

3. 审慎型学生的英语课堂教学策略

审慎型学生指的是在对问题进行处理的时候,思维非常缜密,不会把答案轻易地给出来的学生。与冲动型和发散型学生相比较,审慎型学生在学习上所花费的时间和精力都要多得多,但是,其准确性也更高。

在英语阅读课堂教学中出现,教师可以让审慎型学生对文章的中心思想进行概括和总结,对作者的写作目的进行揣摩,并且对文章所展现的问题进行进一步的升华,也可以对相关的信息进行一定的知识建构。在英语听力课堂教学中,审慎型学生并不会很快地把听力材料的主要内容给出来,而是在纸上把主要的内容写出来。这个时候,教师要把更多的发言的机会留给他们,积极鼓励学生和教师多做交流和沟通,激发学生回答问题的积极性,使他们主动参与课堂的学习。

4. 冲动型学生的英语课堂教学策略

冲动型学生指的是具有较强的语言表达能力,并且能较快地形成自己的想法,回答问题也非常迅速,但是,经常出现错误的学生。

在开展英语口语教学的时候,教师应该对冲动型学生的优点进行合理的利用,鼓励他们积极发言。和审慎型学生相比,冲动型学生阅读的速度要快得多,但是,其对文章的理解程度并不深刻。对这样的学生,教师应该多让他们开展一些比较细腻的学习。例如,可以让学生在一定的时间内阅读完文章,并且在小组内进行活动,还要和小组的成员一起对文章的含义进行分析和解读。在开展英语听力教学的时候,教师应该让学生先听完听力材料,然后对听力的内容进行复述,最后再给出相应题目的答案。

四、学习策略与大学英语教学

(一)学习策略的含义、分类和影响因素

1. 学习策略的含义

我们通常把语言学生使用方法的总体上的特点叫作策略,把用来对可以看得见的行为进行描述的具体形式叫作技巧。

到现在为止,人们对语言学习策略的含义的理解可谓是仁者见仁,智者见智,并没有完全一致的看法。不同的研究人员对语言学习策略的定义都是从不同的角度进行分析的。

第一种观点认为,所谓的语言学习策略指的是对于学生自我建构有一定的推动作用的语言系统发展策略,这样的策略对语言的发展具有积极的作用。

第二种观点认为,所谓的语言学习策略指的是,为了使学习的效果得以提高,也为了能使语言的形式和内容容易回忆,学生所应该采用的技巧或者是方法。

第三种观点认为,所谓的语言学习策略指的是,学生要想更加成功、更加自主、更加愉快地开展语言学习,而所应该采取的行动。

人们对语言学习策略的定义各不相同。其不同主要体现在以下四个方面:第一,策略指的是可以看得见的行为,还是一种心理活动,还是这两种都包括在内。第二,策略指的是一个人学习语言的方法的总体上的特点,还是在进行某一项具体的任务的时候所使用的技巧。第三,策略是不是涵盖在学生的意识之中。第四,策略是不是对语言的发展具有直接性的作用。

在中国,所谓的英语学习策略指的是,学生为了把英语学好所采取的相关的行动。这样的策略主要分为以下几种:第一,形式操练策略,也就是学生在进行英语学习的时候,为了学好语言方面的知识所进行的各种各样的学习活动,例如,刻意地对英语单词、语法等知识进行关注,还比较

重视语言的准确性。第二,功能操练策略,指的是学生为了获取一定的信息所开展的一系列的学习活动,如观看英语电视、阅读英语报刊报纸等。这一策略关注的重点是通过对英语的大量的接触和应用自然而然地学到一些新的英语知识。第三,母语策略,指的是借助于翻译的方式来对学习英语的各项技巧进行掌握。第四,管理策略,指的是为了对英语学习活动进行有效的安排和组织所采取的行动,既包括学习的计划,也包括对学习情况的评估和监控。

2.学习策略的分类

对学习策略的分类主要有三种:根据语言学习的不同技巧(听、说、读、写、词汇、语法、翻译)分类,根据学习上使用的策略(如记忆、重复)和语言实际应用时使用的策略(如使用交际策略)分类,根据学习策略的不同作用分类(如认知策略、社交策略)。以下四种学习策略是学者一致认可的方法。

(1)认知策略

认知策略指学习语言过程中学生为了更有效地识别、理解、保持和提取信息而采用的微观策略。认知策略与语言学习材料有着直接的联系,运用于具体的学习活动中。例如,识别和区分所需学习的材料,将所需学习材料归类并重复练习,有意识的记忆,利用视觉形象、关键词、上下文情境理解或推测等。

(2)元认知策略

元认知策略是指在学习过程中确立长、中、短期学习目标,制订学习计划,选择学习方法,监控学习过程、评价方法的有效性,调整学习行为等。

(3)社交策略

社交策略指学生在学习语言的过程中寻求他人帮助他们学习的活动,如积极寻找与母语说话人交流的机会,课内外学习活动中用目的语与同学交流,交际中遇到不会表达的词语,可用手势、表情甚至母语等方式达到表意的目的等。

(4)情感策略

怕出错误或害羞而不敢开口或考试成绩不佳引起的焦虑,会对学习产生消极的影响,调节这种情感状态有助于推动学习进程。

通过对学习策略定义和分类的讨论可以看出,语言学习策略是学生为了有效提高学习效率和效果而采取的各种方法、技巧和步骤。但各种具体策略并无好坏之分,学生会在不同主观、客观因素的影响下对各类策略有不同的取舍,成功的学生使用的策略也因人而异,各自具有不同的组合。

3. 学习策略的影响因素

(1)学生个体差异

从学生的个体差异方面来看,强调学习重要性的学生倾向使用认知策略,而强调语言运用的学生则较少运用学习策略,基本上只依靠交际策略。从年龄来看,人们发现年纪小的儿童使用的策略较简单,而年纪大的学生使用策略则较为复杂。

(2)社会因素

从社会因素的角度来看,学生学习的语言和开展语言学习的环境都会对学习策略产生一定的影响。

在课堂上进行语言学习和在自然环境下开展的语言学习所使用学习策略是有很大的不同的。例如,课堂环境中的学生极少使用社交策略,也许这是因为课堂环境中的交流为学生提供的使用社交策略的机会较少。

(二)第二语言学习策略

1. 第二语言学习策略的特点

所谓的第二语言学习策略指的是学生在学习第二语言的过程中所使用的比较具有普遍性的方法和比较详细的行为或者技巧。

学生使用学习策略来对语言学习中的问题进行解决,因此,一般情况下,学生都能知道自己所使用的学习策略,并且也明白自己所使用的学习策略由哪些部分组成。学生既可以使用语言行为策略,也可以使用非语言行为策略也就是身体语言。

学习策略既可以是行为上的,也可以是心理方面的,因此,有的学习策略是可以看得见的,有的学习策略是看不见的。

学习策略可以直接作用于对第二语言的学习,也可以间接地作用于对第二语言的学习,直接作用表现在对单词和语法规则的识记上,间接作用体现在对材料的提供上。

因为所开展的学习任务不一样,每个人的喜好也不一样,所以,在具体使用学习策略的时候,也会展现出一定的差异性。

2. 第二语言学习策略对外语教学的指导意义

现在,中国的各种各样的外语教学都在对素质教育进行大力倡导,要求外语教师把对学生的获取知识、运用知识、分析问题、独立解决问题等方面的能力放在重要的位置。由此我们可以看出,在开展外语课堂教学的时候,教师要积极组织策略培训,对学生的独立、有效使用学习策略的能力进行培养,这样才能真正提升学生的外语能力。

在中国,外语教学主要存在这样的两个问题。第一,很多中国的教师并没有意识到语言学习策略的重要意义,因而不能把相关的学习策略的理论方面的知识传授给学生。所以,教师必须不断调整自己的思想观念,把学习策略看作教学内容的一部分,以此对学生进行指导。在进行教学的时候,教师除了对学科知识进行讲授以外,还要把学习策略的培养贯穿教学过程的始终。第二,学生并不是很了解学习策略,也很难对自己的学习方法进行有效的评估,并且学习的目的也基本是讲求实用的,这一系列的因素对学习的效果产生了严重的影响。所以,开展英语教学的时候,其中一个很重要的内容就是对学习策略的培训,还要对学生的自主意识进行培养,指导学生对自己的学习方法进行总结和评价,最终促进学习效率的提高。

教师要有效地学习并研究学习策略,这对其了解学生的学习策略的有效性、不同的学生使用同一种学习策略的效果是不一样的,这已经得到了相关研究的证实。所以,在开展外语教学的时候,外语教师需要对学生自身的特点有所了解,还要让学生对自己使用的学习策略进行评价,从而选择适合自己的学习策略,最终提高学习外语的效率。开展语言教学,其任务是多方面的,既包括对学生的语言和语用能力进行培养,还包括培养学生的语言学习策略的能力,从而加快语言学习的进程。

第二节　学生情感因素与大学英语教学

一、个性因素与大学英语教学

(一)个性概述

1. 个性的定义

"个性"是心理学的分支个性心理学的一个概念,指人类个体和其他个体相区别的独特的精神面貌和心理特征。

不同的人具有不同的个性,这是人们在现实生活中凭直觉就能感知到的现象。语言中那些成千上万的描写人的形容词语,往往就是反映个性的词语。

世界上没有两片相同的树叶,那么有多少人,就会有多少种个性。不过,世界上也没有两片完全不同的树叶,所以,人的个性也是可以归类的。语言中的那些描写人的个性的形容词,尤其是反义词,就是对个性的初步分类。

京剧的脸谱,其实就是舞台人物个性类型的象征。比方说,红色象征忠义、耿直、有血性;黑色象征严肃、不苟言笑,或者威武有力、粗鲁豪爽;蓝色象征刚直、桀骜不驯;紫色象征肃穆、稳重、富有正义感;绿色象征勇猛、莽撞、冲动等。

人们有时还用"有个性、个性强"或者"没个性"等来评论他人个性的鲜明程度。在戏剧表演艺术中,有一种"个性演员",指的就是善于运用表演技巧来塑造各种各样不同个性人物的演员。

有的时候,个性具有一定的群体性,既包括地域性,也包括民族性,从而产生地域个性和民族个性。因为这样的地域个性和民族个性,人们形成了对这个群体的"刻板印象"。先来说一下地域个性,比方说,人们对中国的北方人和南方人的个性差异进行分析,发现北方人通常都是比较豪爽的,南方人都是比较细腻的。再来说一下民族个性,通常来说,东方人比较内敛,西方人比较外露。而这种地域个性或民族个性,是由不同群体的历史文化传统造成的。简单说来,西方的文化传统比较推崇外露,东方的文化传统则崇尚内敛。

2. 个性的观察维度

心理学早在20世纪20年代初就开始了对个性的分类和测量研究。经过很多心理学家的不懈努力,到20世纪60年代,个性研究已经成为个性心理学的主流,并产生了一些比较有影响的理论模型和测量工具。

(1)艾森克的三维个性理论

英国心理学家艾森克从20世纪40年代就致力于对个性的研究。他从社会生物学角度研究了个性的结构,认为个性是人的生物属性决定的。

20世纪60年代早期,艾森克夫妇提出了一个从3个维度对基本个性因素加以观察和解释的模型,包括"精神质""外向性""神经质",简称"PEN模型"。他们认为,个体在这3个维度上的不同倾向和表现的不同程度,构成了他们各自独特的个性特征。他们并据此设计了个性测量工具,即"艾森克个性清单"。

第一,精神质。"精神质"也称"心理变态倾向",是指个体的倔强固执、粗暴蛮横、铁石心肠等特征。在"精神质"连续统的两极上,一端为"心理变态倾向强烈",而另一端为"心理变态倾向不明显"。"心理变态倾向强烈"的一端,就是精神病症状,另一端则是正常人的表现。

根据艾森克的解释,心理变态倾向强烈的人,其个性都是比较孤僻的,为人处世也比较冷漠,经常让人感到厌烦,和周围的人的关系也不是很好,没有感情,也没有同情心,具有一定的破坏性,有人总是怀有敌意,即便是对自己的亲人也具有一定的攻击性,这样的人都有一些比较奇怪的嗜好,不害怕危险,还喜欢作弄别人,让别人感觉到难堪。因而,一方面,心理变态倾向强烈的个体,就容易出现行为异常的问题。另一方面,心理变态倾向不明显的人,通常都是比较自私的,具有一定的同情心,也会关心他人,具备一定的合作精神,对社会具有一定的适应性。

第二,外向性。外向性是指对外部世界的关注倾向,与内向性相对。在"外向性"连续统的两极上,一端为"外向性",另一端为"内向性"。

根据艾森克的解释,外向性比较明显的人,非常喜欢交际,喜欢参加各种聚会,有很多朋友,特别喜欢热闹和刺激,喜欢出风头,很容易冲动,也喜欢开玩笑,还不爱动脑子;内向性比较明显的人,通常都是比较喜欢安静的,经常对自我进行反省,喜欢看书,在落实行动前都会提前做好计划,常常犹豫不决,不喜欢激动,生活非常具有规律性,对自己的情绪也能控制得很好,但是,如果被激怒了也很难平复怒气。

第三,神经质。"神经质"也叫作"情绪稳定性",是指人们面临危险时的反应特征。在"神经质"连续统的两极上,一端是"神经过敏",另一端是"情绪稳定"。

根据艾森克的解释,情感比较不稳定的人通常都会过于焦虑,也容易激动,高兴和愤怒的情绪也是不稳定的,经常表现出忧虑的情绪,睡眠质量也不是很好,在身体和心理上都有一些问题,当出现冲动的情绪以后就很难平复。所以,这样的人的行为有的时候会违背常理,具有坚定的偏执性。与此相反,情绪比较稳定的人,其情绪通常都是比较缓慢的,也很容易恢复,这样的人性情比较温和,也比较稳重,能对自己的情绪进行控制,不容易出现焦虑。

艾森克的三维个性理论提出以后,成为个性心理学最经典的传统理论模式,并为此后的很多研究提供了理论依据。

(2)"大五人格特质"理论

个性分类和测量的另一个途径就是利用自然语言中描述个性的形容

词语进行因素分析并加以归类。

1961年,研究者最早发现了五个相对显著和稳定的个性因素,并命名为"伶俐性""宜人性""可信赖性""情绪稳定性""有教养性"。但是他们的研究直到20世纪80年代才引起学术界的注意。

与此同时,学术界也发现了五项主要因素足够用来描述各种不同的个性,并命名为"伶俐性""宜人性""认真性""情绪稳定性""有教养性"。

20世纪80年代初,研究者们将这五项因素称为"大五因素",以强调每一个维度都很广泛,而且包含了不同的个性特点。而基于"大五因素"的理论就叫"五因素模型"。不过,不同的学者提出的"五因素模型"在分类和定义上也有所不同。

"大五因素模型"的5项因素命名为"经验开放性""认真性""外向性""宜人性""神经质",因此也可以称为"OCEAN模型"。根据这个模型,同时还开发了个性测量工具,即自陈式问卷"NEO个性清单",并于1992年加以修订。

该5因素的定义大致如下。

第一,经验开放性:指个体兴趣的数量和深度,反映个体对经验本身的积极寻求和欣赏,喜欢接受并探索不熟悉的经验。经验开放性强的人,其特征为心胸开阔,富于想象力、好奇心、创造力,喜欢思考,求新求变。反之,则表现为习俗化、讲实际、兴趣少、无艺术性。

第二,认真性:指个体在目标取向和行为上的组织性、持久性和动力性的程度,反映个体专心追求目标,而且目标集中。认真性强的人,其特征为努力工作,以成就为导向,不屈不挠,有始有终,而且循规蹈矩,谨慎细心,责任弱,爱享乐。

第三,外向性:指个体对人际互动的数量和强度、活动水平、刺激需求程度和快乐的容量,反映个体对与他人之间的关系在数量和程度上感到舒适。外向性强的人,其特征为活泼、自信、主动、活跃,喜欢表现,而且喜欢交友,喜欢参与热闹场合。反之,则表现为谨慎、冷静,无精打采、冷淡,退让,乐于做事、话少。

第二章　学生个体差异、情感因素与大学英语教学

第四,宜人性:指个体在思想、感情和行为在同情至敌对这一连续统上的人际取向的性质,反映个体对他人所制定规范的自觉遵循。宜人性强的人,其特征为有礼貌,令人信赖,待人友善宽容,容易相处。反之,则表现为愤世嫉俗、粗鲁、多疑、不容易与人合作、报复心很重、比较残忍、容易动怒、喜欢操纵别人。

第五,神经质(情绪稳定性):指个体在顺应与情绪稳定方面的负面倾向,反映个体容易产生心理烦恼、不现实的想法、过分的奢望。神经质强的人,其特征为容易紧张,缺乏安全感,不能控制情绪,易发脾气。反之,则表现为不易紧张,心情轻松,能妥善控制情绪。

(二)学生个性上的差异对英语教学的影响和教学建议

1. 针对学生个性倾向性的差异设计教学对策

(1)个性倾向性对英语教学的影响

通常来说,个性比较外向的人能更快地学习第二语言,因为这样的人不论是在课堂上还是在课下都喜欢使用第二语言。特别是在把英语作为第二语言的环境中,个性比较外向的人基本是依靠自然习得获取英语学习能力的。在英语课堂上,个性比较外向的人能积极参加教师组织的语言实践活动,到了课下,他们还积极寻找更多的机会进行交流,这样就使他们对语言具有一定的敏感性,因此,也就可以有更多的机会来对语言的结构进行建立和检验。和个性比较内向的人相比,在比较重视语言的交际能力的环境之中,个性比较外向的人的整体的语言能力发展得更快。个性比较外向的人比较喜欢新颖的、难度比较大的教材,在课堂上会积极发言,但是,其课后不喜欢学习巩固,比较马虎;个性比较内向的人的表现正好是相反的情况。个性独立者喜欢开展竞争性的学习,个性顺从者一般都是等待教师布置作业或者是依靠同学之间的相互帮助。

在中国,英语是一门外语,在对英语进行教学的时候,教师关注的是语言的结构,但是,外向性的学生还是比较喜欢对英语进行尽可能多地运用,这样的情况就使他们的英语口语更为流利。我们还应该注意到,性格比较内向的人的话语都比较少,因为他们愿意花费更多的时间和精力来

对语言的形式和结构进行分析,在课堂上愿意听教师讲课,因而,其能更为全面地对语言结构进行解读。在中国现在的教育评价体系之下,性格比较内向的学生所取得的成绩更好。所以,教师必须按照教学的任务,对性格内向和性格外向的学生采用不同的教学方式,既要重视语言的准确性,也要重视语言的流畅性。

(2)根据个性倾向性设计的教学策略

不论哪一种个性,都有其自身的长处,都能促进学生的学习,但也有其不足,也会在一定程度上阻碍学生的学习。英语教学就是要把学生个性上的长处都发挥出来,对其个性上的不足进行弥补,促进学生的听、说、读、写、译各项技能的发展。所以,和个性性格倾向性差异相适应的英语教学主要涵盖了两个方面的内容:其一,采用和学生自身个性中的长处相适应的教学策略;其二,采用对学生个性中的不足进行弥补的教学策略。第一个方面还可以被称为匹配策略,第二个方面还可以被称为失配策略。匹配策略对掌握知识和提高技能具有积极的促进作用,可以使学生学得更快、更多,但是并不能对学生个性上的不足进行弥补。而失配策略主要是弥补学生个性上的不足,在一定程度上能促进知识的掌握,能促进学生的全面发展,对学生未来的学习有促进作用,但是学习的速度是比较缓慢的,数量上也不多。除此之外,因为学习的任务、情境都发生了变化,在一定的情境中,学生不得不使用一些自己不擅长的学习方式和技能来进行学习,故而,就需要弥补学生的个性中的不足。

2.学生个性特征的差异对英语教学的影响和教学建议

在进行教学的时候,我们发现,学生的学习成绩既受到智力水平的影响,也受到个性因素的影响。总的来说,英语成绩比较好的学生的个性通常都是比较好的,如勤奋好学、有信心、有毅力等;英语成绩不好的学生通常都会有一些不好的个性,如缺乏一定的自觉性、比较懒惰、没有自制力等。相比较而言,个性特征不是很好的学生的成绩要比个性特征比较好的学生的成绩差一些。实际上,个性就是一种动力因素,其对学生学习的质量和速度具有重要影响。一些比较好的个性特征,如好的情绪、意志等,能增强学生的信心,促进学业的成功,反之就会使学业失败。

所以,学校的教育应该把情感的影响考虑在内,使教育内容和学生的个性差异相适应。积极倡导非指导性学习就是对这一情况的落实。① 学生是学习的中心,教师应该积极为学生营造良好的课堂氛围来促进经验学习的开展,还要设身处地地为学生考虑,促进学生积极主动进行学习。在教育的过程中,积极开展学生合作式学习,还要对学生的人际沟通能力进行培养,使其养成一种集体感。除此以外,教师还应该教导学生学习他人的长处,弥补自己的短处,还要不断完善自己的性格,最终促进学习成绩和学习能力的提高。

3.学生的意志品质差异和教学建议

所谓的学生意志品质主要指的是学生对学习的坚持程度,也就是通常我们所说的毅力。所谓的毅力指的是一个人在进行某一项活动的时候所展现出来的精神活动的持续性。学习毅力指的是学生为了完成学习任务而对各种困难进行克服的持续性的能力。一般来说,学生每次进行学习活动所坚持的时间长短就是其是否具有毅力的标志。毅力比较强的人有这样的表现:每次完成英语学习任务的时候,不论面对什么样的困难,都能坚持下去,直到完成任务。毅力比较差的人的表现:每次完成英语学习任务的时候,都表现出不自信,没有恒心,当遇到困难的时候就会退缩,最终导致经常完不成学习任务,问题较多。

教学策略的相关建议:学生的毅力和学习情境、学习任务的吸引力、学生的态度和动机等都有非常密切的关系。所以,在进行教学的时候,教师不只是要对学生讲授英语知识、训练其英语技能,还要培养学生的学习毅力。英语教学必须创造良好的教学情境,还要使教学内容对学生产生一定的吸引力,此外,学生对英语学习的态度和动机也要明确下来。所以,教师要不断激励学生的意志,使学生饱含热情和坚定的信念,形成比较顽强的毅力,积极应对学习中遇到的各种困难和挑战。

---

① 杨淑玲,李卉琼,高绪华.英语教学研究[M].天津:天津科学技术出版社,2021.

4.学生情绪水平的差异和教学建议

在进行英语教学的时候,学生的情绪上的反应主要是对英语学习的一种焦虑。所谓的焦虑水平差异指的是学生在一些规模比较大的英语考试中所展现出来的紧张感。高能力的学生的考试焦虑指的是学生把每次的考试成绩都看成对个人的一种激励,其非常看重每一次的考试,并且能正确看待。当考试成绩比较好的时候,会继续努力,当考试成绩不理想的时候,则会保持较好的心态,分析成绩不理想的原因,加倍努力。低能力的学生的考试焦虑指的是学生把每次的考试都看成一种压迫,对此十分担忧。考试结束以后,也非常看重别人对自己的看法,有时候也很无奈,甚至产生崩溃的感觉,想逃避学习,还不愿意继续努力。

教学策略的相关建议:在进行英语教学的时候,教师既要对学生的考试焦虑感进行调整,使他们获得适度的考试焦虑,促进学习成绩的提高;还要通过各种方法把低能力学生的考试焦虑感降低,转移其学习的目标,对学生的自信心进行培养,增强他们克服各种困难的意志力,教导学生以正确的方式看待别人的评价和考试,正确看待学习能力,以免产生心理疾病。

二、学习动机与大学英语教学

(一)学习动机概述

1.动机

动机心理学是心理学的分支。动机是动机心理学的研究对象,指的是人们想要做某件事情的出发点,或者是,促进人们做某件事情的主观方面的原因。通常来说,人们只要是刻意去做一件事情,其中一定是有动机的。

本来,"动机"应该是一个中性词,并无褒贬色彩。它的同义词"居心"则是纯粹的贬义词。但在日常生活中,人们一般是从道德评判的角度去看动机的,而且往往是在发生了令人不快的事情之后,才来追究行为者的动机。由于"动机"有这样一些经常性的用法,就使之"感染"上了一定程度的贬义。

不过,动机心理学所研究的"动机",则始终是一个中性词,其涵盖范围也广泛得多。在动机分类上,确实也可以从动机的正确性和社会价值角度将其分为"高尚动机"和"低级动机"这两类。

所谓的内在动机,指的是人们对做事本身的兴趣所产生的动机,它不需要外界的诱因来使行动指向目标,因为行动本身就是一种动力。这是一种"重在参与"而"乐在其中"的动机。

一些具有内在动机的行为者在行动的时候都能得到一定的满足,其可以积极地参与行动过程,并且可以在别人对自己进行评价之前就对自我有所了解。这样的人富有好奇心,喜欢冒险和挑战,可以独立解决一些问题。

所谓的外在动机指的是,通过外界诱因所引起的动机,这是一种比较看重结果而且目标比较明确的动机。

自我决定理论认为人类先天具有心理成长和发展的潜能,个体在对个人的需要和环境信息进行了较为充分的认识以后,就能对行为进行比较自由的选择。这一理论对传统意义上的"内在/外在动机"理论进行了发展,其认为,内在动机和外在动机是一个对立统一的整体,二者位于一个连续统的两端,每一个体所处的位置取决于其自我决定(即内在化)的程度。内在化程度较高者,就展现为内在动机,反之则为外在动机。

在这个连续系统中,还可以根据动机的内在化程度,由低到高把它分为4个次类型:外部调节型、投射调节型、认同调节型、融合调节型。其中,前3类为外在动机,第4类则为内在动机。

2. 学习动机

学习动机在教育心理学中占有重要地位。所谓的学习动机指的是对学生学习具有直接推动作用的一种内部动力,指的是学生的学习具有一定的激励作用和指引作用的需要。学习动机包括学习对象的选择、为达到目的而做的努力、想达到目的的持续的愿望等方面。针对学习动机的研究旨在探讨动机的本质和规律,以及它对学习过程和结果的影响。

通常来说,学习动机和学习之间的关系主要表现在以下几个方面。

(1)学习动机和学习互相关联

学习产生了动机,动机推动了学习的发展。动机具有加强学习的作用,能激发学生的学习兴趣,保持一定的唤醒水平,指向特定的学习活动。通常来说,具有较高动机水平的学生,其所取得的成就也就比较高;反过来说,成就水平较高的学生的动机水平也就比较高。

(2)学习的持续需要动机来维持

人类的很多学习活动是偶然发生的,并没有什么明确的目标。然而,只有具备了动机才能进行长期的、有意义的学习。

(3)动机的中等程度的激发或唤起,对学习具有最佳的效果动机太强或者太弱都不利于学生的学习。动机过强或过弱,不仅对学习不利,而且对保持也不利。在难度不同的学习任务中,动机的强度影响着问题解决的效率。随着任务性质的变化,动机水平的最佳值也会随之变化。对那些不复杂的学习任务而言,动机的强烈与否与工作效率会呈正相关的关系。如果工作任务的难度加大了,那么动机水平也会下降。

(二)学习动机对英语学习行为的影响

动机与学生在学习上付出的时间密切相关,如果学生花在更多的时间用于英语的学习,那么就会学到更多的知识,也就是说,学生之所以产生学习行为,是因为有学习动机的存在,同时,学习行为也是学习动机的外在表现。

学习动机会对学生学习的效果产生重要的影响,因为动机的强烈与否会影响到学生的学习行为。如果学生具有较强的学习动机,那么就会对学习产生更大的兴趣,从而学生就会在课堂上有更加积极的表现,并且愿意为了学好某门学科而付出更大的努力,从而就会形成一种良性的循环。反之,如果学生的学习动机不高,那么他们的学习过程就会比较被动,也不会获得很大的成就感,并且学习动机就会逐步减少并变得非常消极,这样就会形成恶性循环。

那么我们可以将学习动机对学习行为的影响概括为以下几个方面:

第一,学习动机能让学生发起学习的行为;第二,学习动机的存在能让学生朝着一个特定的目标前进;第三,强烈的学习动机能让学生较长时间维持在学习活动上,并且也不容易轻易放弃。

(三)动机因素对英语教学的启示

对教师而言,他们所面对的学生也是各种各样的,有些学生具有较强的学习动机,但是有些学生的学习动机却比较弱,那么在教学中,教师就应该通过各种方法去引导学生形成强烈的学习动机,激发学生的成就感,调动起学生学习的积极性。

1.转变观念,发挥学生的主体作用

从建构主义的视角出发,学生是认知的主体,他们才是真正的知识的建构者,教师的作用应该仅仅体现对其学习的促进上,而不应该继续呈现当下传统的满堂灌的教学方式。通过分析中国英语教学的状况可以发现教师一直处于教学的核心,而学生仅仅是知识的被动接收者。

这样,在课堂上学生的主要任务就是听讲,大部分的时间都用在了消化各种知识以及记录笔记上,很少进行课堂互动,这样的教学模式很显然就会影响学生学习的积极性,从而对学习效果产生不好的影响。那么教师就应该重视这一状况,并对学生的学习积极性进行培养,逐步培养学生对英语学习的兴趣,从而提高学生在课堂上的活跃度。

2.运用现代化教学手段创设语言环境

很显然,学习与认知理论的某些知识有非常紧密的联系,对学生而言,可以在原有知识的基础上对新知识进行吸纳与拓展,此时教师就应该提供给学生一些真实的问题,从而让学生将这些知识运用到问题的解决中去。对教师来说,还可以根据不同的教学内容,在课堂上对各种语言环境进行模拟与创设,从而不断激发出学生学习的兴趣,让学生进入交际的角色,从而将所学知识运用到具体的交际场景中。

3.正确处理教师权威性和学生自主性的辩证关系

教师在教学的时候应该时刻秉承以学生为中心的教育理念,从而充当起学生学习知识的建构者与激发者,在进行课堂教学的时候,教师还应该尽自己的努力营造一种良好的学习氛围,从而促进学生的自主学习与合作学习的开展。对现代的英语教学而言,非常推崇学生学习的中心地位,对教师来说,就应该在授课之余对各种教学方法进行研究,以此促进学生形成正确的学习动机,从而不断提高学生学习的积极性,很显然,教师对学生学习的成效也有很重要的影响。

那么对教师而言,就应该在不断提高自己专业知识的同时学习各种知识,从而提高自己的个人修养,学生受教师的影响是非常大的,如果一位教师拥有良好的形象,就将会对学生产生比较积极的影响,从而就会逐步转化为学生学习的动力,所以,教师的形象应该是比较民主的,既拥有自身的威严,也应该有亲切的一面。

4. 选择合适教材,改革课程设置

教材的重要性是不言而喻的,它是教学大纲核心的具体呈现。对教材来说,其选用必须符合三项基本原则,那就是适中原则、系统化原则以及媒介原则。在选择教材的时候应该注重教材的实用性,选择取材比较广泛的、编排比较美观的、适合各种学生需要的教材。因为不同的学生对英语学习的需求是不一致的,那么在进行教材选取的时候就应该注意到这一点。

对课程而言,是一个有机的系统,能涵盖教育的所有内容,不仅包括所要讲授的各门学科,还包含那些特定的课外活动。对教师而言,应该充分利用当前网络发展带来的便利化条件,在教学中使用各种现代化的教学手段,从而不断提高当前英语教学的效率。

5. 引导学生积极归因和教师自我归因

对教师来说,应该不断引导学生形成积极的归因,让学生养成一些积极的情感,当学生取得一定成绩的时候,教师就应该把原因归结为学生的个人努力,这样就会让学生对自己的能力更加自信,并且学生也会敢于挑战那些更具有难度的任务,但是如果当学生失败了之后,就应该引导学生去制订一个适合自己的学习目标,并且教师应该将失败的原因归结为学生没有付出足够的努力,这样才能不断增强学生学习的自信心。

对学生来说,如果获得了正确的归因方式,这将促进他们的学习,并且会让他们一直都处于一种良好的学习状态中,同时教师也应该以公正客观的态度去评判自己的教学,对自己的各项行为也要有一个合理的归因。

三、大学英语情感教学策略探索

情感因素对英语学习有着非常重要的影响。所以,发挥情感因素在大学英语教学中的积极作用,必须在实际教学中培养、激发学生积极的情感因素,消除消极的情感因素,使大学英语教学达到一个更好的状态。

(一)情感、情感教学与英语情感教学

1. 情感

情感是人脑的一种机能,是对客观事物抱有不同好恶而产生的内心变化和外部表现。情感的发展,是个性的情感机能和情感品质在有利于个人成长发展和主动适应社会发展方面所产生的积极变化的过程。

就情感的分类而言,情感可分为消极情感和积极情感两类。其中,消极情感包括害怕、焦虑、羞涩、愤怒、沮丧、怀疑、厌恶等;积极情感包括兴趣、自信、自尊心、强烈动机、愉快、惊喜等。

情感与态度有着紧密的关系,因此在这里我们也要对态度的定义做一个简要的说明。态度是一个人对待外在事物、活动或自身的思想行为所持有的一种向与背、是与非的概括的倾向性。态度又可细分为肯定态度和否定态度、积极态度和消极态度。尽管情感与态度有着密切的联系,但这并不说明情感就等同于态度,情感和态度是有区别的。

2. 情感教学

目前对情感教学尚无统一的概念,不同的研究者有着自己不同的见解。有的研究者认为将"情感教学"看作是在教学中充分利用积极的情感因素可以促进教学;也有的研究者将"情感教学"理解为"培养良好情感态度"的教学;当然,也有将二者结合来理解的。

"情感教学"定义为在教学过程中,在充分考虑认知因素的同时,充

发挥情感因素的积极作用,以完善教学目标、增强教学效果的教学。

"情感教学"的定义是,在教学活动中,教师围绕认知因素,借助于相应的教学手段并通过语言、态度、行为等负载教师正性情感的教学变量来激发、调动和满足学生的正性情感需要和认知需要以促进教学过程的优化、教学效果的增强和教学目标的完善的教学。

从本质上来说,情感教学是完整教学过程的一个组成部分,它是教学实践在理想状态下应该达到的一个目标,也是理想教学应该具备的属性,它并不游离于教学实际工作之外。

3. 英语情感教学

自英语新课程目标颁布以来,情感态度被列为明确的教学目标,越来越多的英语教学工作者开始重视情感因素在英语教学当中的作用,关于英语情感教学的研究成果也逐渐丰富起来。"英语情感教学"这一说法越来越多地被提及和界定,这都是因为英语中蕴含着丰富的情感因素。

情感教学在《英语课程标准》中有着明确的要求:英语课应强调课程从学生的学习兴趣、生活经验和认知水平出发,倡导体验、实践、参与、合作与交流的学习方式和任务型的教学途径,发展学生的综合语言运用能力,使语言学习的过程成为学生形成积极的情感态度、主动思维和大胆实践、增强跨文化意识和形成自主学习能力的过程。

(二)影响大学英语教学的情感因素

1. 焦虑

所谓焦虑,指的是个人的自信心和自尊心受到威胁时产生的担忧的反应倾向。在学习的过程中之所以会产生焦虑,主要有以下原因。

(1)学生个性差异

性格内向或缺乏自信的学生因不善于交谈或害怕出错,而不敢参加英语实践活动或参加活动的积极性不高,回答问题时也非常紧张,因此很容易产生焦虑。

(2)文化背景差异

大学生来自不同的地区,他们的英语基础有着很大的差距,因此很容易产生焦虑情绪。

(3)教学方式的差异

课堂活动的方式、师生之间的交流方式、教师纠错的方式等都会引发学生产生焦虑的情绪。

在学习过程中,一定程度的焦虑是不可避免的,但同时也是不可或缺的。只有焦虑处于适度的水平上,才会化压力为动力,激发学生的内在学习动力,学习效果才会最好。因此,在具体的大学英语教学过程中教师要做到以下两点。

第一,减轻学生的焦虑。首先,教师要对学生在使用语言时所犯的错误持容忍态度,要使学生明白,语言能力是在不断地产生错误和纠正错误中获得的,如果害怕出错,将永远不会有进步。其次,要鼓励学生积极大胆地参与各种英语活动,并对他们的进步进行表扬,使他们时刻感受自己的点滴进步和成功的喜悦。

第二,让学生有适度的紧张感。在教学过程中,教师要让学生产生一定程度的紧张感,使他们必须通过努力才能达到某种目标,以此来激发他们的学习动力,挖掘他们的学习潜能。

2. 自尊心

自尊心对学生的学习也有着重要的影响作用。自尊心源自人们对自我价值的评价,具体是指学生对自身能力或价值的认识和评价。在相同的语言环境中,缺乏自信、焦虑感强、害怕出错的学生往往不敢大胆回答问题和参与各种英语活动,因此也就失去了很多语言实践的机会,进而学习效果也就不能令人满意。这就需要教师在教学过程中,针对学生的不同个性设置不同难度的任务,使学生感受自己的进步,进而增强学生的自尊心。

3. 移情

所谓移情,是指从别人的角度看待问题的一种行为和意识。移情对人际关系有着重要的影响。移情并不代表放弃自己的情感,也不是一定要同意他人的观点。在课堂上,教师与学生之间的关系是能否形成良好学习氛围的基本要素。① 如果师生之间关系疏远,相互都有一种陌生感,那么师生双方的交流就会受阻,课堂气氛必然压抑沉闷。因此,在课堂教学中,教师要以平等的身份与学生进行交流,切忌将自己的观点和看法强加给学生;要注重学生的情感,尊重学生的意见。只有建立了和谐的师生关系,学生才能抛开思想包袱,积极、轻松地参与课堂活动。

4. 课堂交流

课堂是教师教学、学生学习、教师与学生交流沟通的重要场所,所以在课堂中形成的生生关系、师生关系以及由此形成的课堂气氛对学生的语言学习有着重要的影响。因此,教师要放下架子,积极地与学生进行沟通,并利用各种方法和渠道了解并尽快解决学生的困难。只有这样,学生才能不断增强自己的信心和学习热情,进而取得良好的学习效果。

(三)大学英语教学中情感教学的实施方法

1. 加强学生认知,激发学生的积极性

受传统"以教师为中心"的教学模式以及四、六级考试的影响,学生在课堂上普遍缺乏积极性,也不愿意主动参与课堂活动。而大学英语改革要求学生全方位参与课堂教学,参与知识的学习与建构。所以,学生必须改变过去被动的学习方式,主动参与课堂教学,充分发挥自己的主观能动性,从而提高自主学习能力,更好地适应社会需求。对此,教师要充分发挥引导作用,激发学生的学习兴趣,调动学生的积极性。

2. 建立良好的师生关系

良好的师生关系对增强学生自信心、激发学生学习兴趣、减少学生恐惧心理发挥着重大的作用。所以,教师有必要注重学生的情感,与学生建立良好的人际关系。尽管很多情感因素有外显的表现,但更多的情感是内在的。教师只有与学生建立了良好的关系,才有可能进一步了解学生的情感,学生也才有可能愿意与教师交流沟通。此外,教师还应该促进学习群体(班级)建立和谐、融洽、民主、团结、互尊互重的情感氛围。教师想

---

① 孔丽芳.大学英语课堂教学艺术与应用实践[M].北京:九州出版社,2018.

与学生建立良好的关系,可从以下几个方面着手。

(1)展现教学过程的魅力

教师要想激发学生学习的兴趣,增加他们的情感体验,就要在教学过程中努力改进教学活动,使教学过程充满情趣和活力,并联系学生实际,使学习贴近他们的生活。只有将教学过程的魅力充分展现在学生面前,才能吸引学生的注意力,激发学生学习的兴趣。

(2)真诚地爱护每一位学生

要建立良好的师生情感关系,教师还必须具有真诚的品质,乐于关心和爱护每一位学生,公平地对待每一位学生,特别是对那些学习困难的学生,教师要多鼓励、多关怀、少批评、少指责,要相信他们的潜力,使他们充满自信。

(3)完善自身的个性

教师要得到学生的认可与接受,首先就应具备内在的人格魅力。所以,教师要努力完善自己的个性,使自己拥有热情、负责、真诚、宽容、幽默等优秀品质。此外,教师还要扩大知识视野,提高自身修养,使自己成为一个富有魅力、受学生喜爱的教师。

3.帮助学生克服情感态度方面的问题

焦虑情绪伴随着学生学习的整个过程,学生在学习过程中避免不了会产生焦虑情绪。但严重的焦虑情绪往往会引发害怕与紧张等情绪,这对学生的语言学习十分不利。紧张与害怕的心理很容易分散学生的注意力,随之学生的思考与记忆能力也会逐渐减弱,最终导致储存及输出语言的效率降低,如此恶性循环,将会引发更大的焦虑。因此,教师要帮助学生及时克服这方面的困难,使语言学习上的成功体验与情感的发展相互促进。学生的情感态度往往与他们学习上的成功和失败有密切的关系。

4.充分利用多媒体与网络

在英语教学中运用多媒体,不仅可以丰富教学内容,还可以通过鲜明的图像、有趣的声音刺激学生的视觉和听觉,吸引学生的注意力,更能增添课堂的活力和感染力,激发学生的学习兴趣,进而提高教学质量。因此,教师在教学中应注意对多媒体的运用。

  此外,教师还应考虑多运用网络进行教学,因为网络环境下的英语教学能很好地发挥学生学习的积极性和主动性,体现学生的主体地位,最重要的是它可以促使学生情感目标的达成。首先,网络具有丰富的、开放的学习资源,学生只要掌握一定的网络操作技能,就可以根据自己的需求和兴趣,通过在网上检索,自主选择学习内容、学习方式和学习路径,进行自主学习或与他人进行讨论、交流,开展合作学习。其次,网络学习资源还能及时为学生的学习提供反馈信息,为学生的个性化学习、自主学习创造有利的条件,使学生之间相互帮助、分享学习资源成为可能。

第三章　大学英语生态化教学

大学英语生态课堂教学具有自身特性和运动规律,有其独特的等级与结构,产生相应的功能效果。在生态课堂教学中,既遵循一般系统的基本原理,又遵循教育学和生态学的基本原理,明显呈现出系统的复杂性和特殊性。本章重点阐释大学英语教学的生态特征、大学英语课堂生态结构与功能、大学英语教学的生态课堂构建。

第一节　大学英语教学的生态特征

近年来,生态化正日益得到普及和发展,对人文社会科学领域和自然科学领域都产生了重要影响,从而推动了社会的可持续、和谐、稳定以及健康发展。在此环境下,生态化教学这一概念也被提出。与自然生态系统相比,教学具有一定的特殊性,其生态性要求也是符合其发展规律的,还具备自己特有的生态功能和生态特征等。从矛盾对立统一的角度看,教学系统既然具有生态性,那么就一定会具有非生态性。而教学中的生态力量和非生态力量相互作用、相互影响会制约教学的发展,换言之,若是教学过程中的非生态力量弱于生态力量,那么教学就能向前发展;不然则会导致教学遇到阻碍,影响教学系统整体功能的发挥,从而影响教学的发展速度。基于这一理论和认识,生态化教学这一概念得以产生和壮大,这一概念是基于教学本身的特征来发扬和挖掘教学的生态型,并有效地抑制教学中非生态性力量。

开展大学英语的生态课程主要目的在于培养学生的学习自信心,在实际的学习过程当中激发学生的学习兴趣。生态课程的本质就是为学生构建一个交流和沟通的平台,促进学生英语能力的提升。通过生态环境的教学引导,让学生掌握自己解决问题和寻找答案的目的。在实际的学习和交流过程当中提升大学生综合的能力提升,满足社会对人才的需求。构建大学英语的生态课程环境本质就是为了让学生在实际的学习过程当中不断的成长并成熟起来,通过实际的学习和交流建立一种良好的能量转换和循环过程,满足学生个体成长和集体转变的需求。也正因此,大学英语生态课程成为一种不断发展和延伸的教育模式。

一、生命性特征

大学英语教学的整个过程都是具有生机和活力的,通过教学过程,教师才能将自己的人格魅力、生命价值和知识才能转化成学生的知识体系,对学生形成影响;学生通过教学过程,形成自己的情感态度、价值观念以及知识体系,从而体现自己的价值。生命性是大学英语教学生态性的一个重要体现,详细而言有以下表现。

1.在教学过程中,教师和学生都是不可或缺的重要主体,而这二者的生命性也是比较突出的,它们和客体"物"有着本质上的区别。

2.教学活动的开展是建立在学生和教师的生命体征基础上的,为此才能有计划、有组织、有目标地开展教学活动。

3.教学活动也体现出了较强的人性关怀特征。不管是教师还是学生,都是有血有肉有情感体验的,教学过程体现出教师和学生的智慧和情感交互。因此,教学过程具有强烈的人性化色彩,增加了教学过程的趣味性和积极性。

4.教学过程其实也是对教学主体生命发展过程的一种体现。换言之,教学过程的最终目标就是为体现教学主体也就是学生以及教师的生命发展,教师和学生的发展也正是展开教学的最终要求。总体而言,教学的基点和终极目标都是为了追求生命的发展。

二、整体性特征

生态系统的内容是丰富多彩的,想要获得生态系统的整体发展,就必然要把握涉及生态的各个层面,如此才能达到预期的目标,系统中任何一个方面把握不好,就可能对整体形成较大影响,造成整体生态系统的停滞不前。教学生态系统也不例外,它的组成因素也是复杂且多样化的,各个因素之间的相互作用、相互促进以及相互影响而形成整体教学系统的发展或者倒退,所以生态理念的一个重要特征就是整体性。

(一)教学是组成教学各因素的集合整体

教学生态系统的组成因素具有复杂性、多样性等特征,在这一点上和自然生态系统具有一致性,促进了生态链的形成,因此生态链的一个重要特征就是整体性。学生、教师、教学目的、教学内容、教学方法、教学环境和教学评价是教学生态系统的七个组成部分,缺一不可。

(二)教学的发展是整体中各因素作用的结果

七个组成要素在教学过程中发挥着自己的作用和功能,这也是其生态位的体现,教学系统的组成缺一不可,否则将影响教学系统整体功效的实现。

在大学英语生态教学过程中,不能动摇学生的主体地位,教学活动的组织和进展都要围绕学生这个主体来展开,而且教学质量的好坏也只有通过学生才能进行合理公正的检验,所以教学活动的所有出发点和目标都是学生;教学的整个过程都是为了实现教学目标而存在,教学目标也会对教学内容的选择产生直接影响,从而才能使得教学内容的选择和学生的身心健康发展的目标相适应,更加顺应社会发展的需求,教学内容是教学中不可或缺的一个重要因素;所谓教学方法是指对教学内容进行组织和安排,以便对学生的知识、思想和情感进行转化和积累的一种方式,它的选择也是根据教学目的而定的。

教学环境包括了两层含义:一是物质环境,二是精神环境,而且是直接作用于整个教学活动过程的,想要提升教学活动的效率,就需要提供有利的教学环境,否则将会对教学活动效率的实现产生阻碍作用,对学生的身心健康发展造成影响;教学评价主要是对教学效果和教学需要进行反馈和调整的一个步骤,合理有效的评价方法将促进教学方法的落实,推动学生的学习效率;除了学生以外,在教学过程中,教师也是不可或缺的一个主体,对整个教学过程形成主导作用,并对教学过程中的各个因素进行协调和制衡,从而促进教学活动的进行,并不断以提高教学效率为目的,所以在教学的整个过程中,也不能忽视教师的作用和价值。

以上论述表明,大学英语教学生态过程中涉及的七个要素是相互联系、相互影响的一个整体,七个要素的联合作用才能促进教学的整体发展。

三、开放性特征

(一)教学主体的开放性

教学主体主要包括教师和学生两个方面,所谓教学主体的开放性主要体现在教师和学生都具有开放性的思维和意识,他们都是独立生命体的存在,受社会环境和家庭环境的影响也各有不同,且教育基础也呈现出较大的区别性,造成了他们的交往方式、学习方式以及思维方式各有特色。

(二)教学目的的开放性

在总教育目的的指引下,学校的教学目的又分为不同层次,而且不同的教学目的之间的一个共同点就是开放性,教师和学生在学习过程中不断地设定和调整教学目的,从而才能确保教育总目的的实现;其次,教学目的具有多样化发展特征,其知识技能的提升只是很小的一个方面,还包括了学生的价值观的形成和情感的变化。

(三)教学内容的开放性

从不同的教学目的来制定教学内容,因为教学目的具有一定的开放性,所以会造成教学内容的开放性特征。首先,体现在具有开放性的教学内容来源,由长期积累的知识文化来形成教学内容,因此教学内容的开阔性也比较突出;其次,教材上的内容并非全部的教学内容,教师应该根据自己的理解来制定教学内容,并需要建立在学生理解的基础上,帮助学生将教学内容内化后变成自己的知识体系,因此从这个角度而言,教学内容并非书本上固定知识的积累,而是通过学生的活用后成为活的知识。

(四)教学环境的开放性

教学效果在很大程度上取决于教学环境的影响,而教学环境很大程度上是指外部环境,其由两个层面组成:一是物质环境;二是精神环境。不管是哪种环境,其开放性都是存在的,因此要尽可能地利用这一特征来发挥环境的促进作用。如教室的装饰、光线、温度以及摆设等物质环境的营造,以及学习氛围、班级团结等精神环境的促成,都能对学生的学习效果产生积极作用。

四、共生性特征

自然生态的一个重要特征就是共生性,一般而言,生物间的共生关系主要包括两种:一是互利共生关系,也就是指对共生双方都会产生积极的推动作用;二是偏利共生关系,是指对共生双方的任意一方产生促进作用,但是另一方需要做出牺牲来形成的一种关系。当然,大学英语教学生态中也具有这两种共生关系。

从学生和教师的关系角度来看,他们之间的关系是互利共生的。教师可以通过教学活动来进行生命价值,知识才能的实现和展现,而学生通过教学活动能够进行价值观和情感的培养,获得知识技能,体现生命价值。[1] 由此可见,教师实现生命价值需要通过进行教学活动来实现,而学生想要获得情感和价值观的形成以及知识体系的完善,也需要通过教学活动来取得,所以双方形成了一个相互作用、相互依赖以及相互发展的关系,教学活动缺了任何一方,其意义和目的都将不再成立,这也正是教学相长的本质所在。

从学生和学生的关系而言,他们之间形成的关系既包括了互利共生关系,也包括了偏利共生关系。学生在学习过程中既有竞争关系也有合

---

[1] 周奋.大学英语课堂教学研究[M].长春:吉林人民出版社,2020.

作关系。竞争性的存在就体现出偏利共生关系,换言之,有学生获得成功,那么就会有学生会不成功,这也是一方得利另一方失利的一种表现。当然学生之间的公平竞争关系并非不是好事,它能促进学生学习的主动性和积极性,增强学生的进取意识,促进学生的不断发展,而这也是一个互利共生关系的体现。当然,学生之间纯粹的互利共生关系只体现在合作上,学生通过相互合作,强化目标性,任何一个学生都尽可能地发挥出自己的价值和能力,并通过不断的交流和合作,实现自己知识技能的提升和积累,为自我发展奠定坚实的基础。所以,合作学习方式对学生而言是非常有利的,可以实现学生之间的互利共赢。

五、多样性特征

多样性指生态课堂因子的多样性,包括教师、学生、教学内容、教学环境、教学方法等;其次,指每个因子本身特征的多样性,例如,作为课堂生态主体的学生具有的不同性别、年龄、学习动机、学习策略、学习风格和自我效能感。多样性既是大学英语生态课堂的内在规定性,也是各个因子的内在规定性。大学英语课堂教学应该遵循这些因子的内在规定性,不以强制的外在力量约束学生,而是从学生身心成长的实际需求出发,通过精心的教学设计和合理的资源配置,因材施教,从而使每一个学生在生态课堂上绽放异彩。因此,大学英语生态教学的多样性体现在以下方面。

(一)人的多样性

在大学英语教学中,人的多样性指教师和学生。对教师群体而言,其构成应是性别、职称和年龄的比例比较合理,学缘关系和籍贯地域多样,教学方法、性格特点各异而又互补,同时外籍教师也应有适当的数量要求;对于学生群体而言,性别比例应相对合理,生源籍贯较为分散,性格特点各不相同但能够和谐共处,有条件的大学还应当尽可能招收少数民族学生。

(二)物的多样性

在大学英语教学中,物的多样性指教学条件。比如,教学形式的多样性,有纸质的、电子的、网络的、多媒体的;教学空间的多样性,有传统的教室,也有信息化、智能化的教室;有室内的,还有室外的;有校内的,还有校外的,甚至是国外的。

(三)教学方式的多样性

要求教师的教和学生的学不拘泥于单一方法,要具有自主性、灵活性、丰富性、开放性。

(四)对学生学习要求的多样性

总体上强调综合、全面发展,突出语言综合应用能力,特别是听、说能力,但具体到每个学生,应当让他们有多种自主地选择和一定自我发展的方向。

六、动态平衡性特征

动态平衡性指大学英语生态课堂沿着"平衡—不平衡—平衡"的轨迹发展。动态平衡性作为生物、生命系统与环境科学的中心思想,还是大学生态型英语课堂的主要理念。依据生态型课堂中所存在的动态平衡性,存在于大学生动态型英语课堂中的平衡仅是短暂的,伴随元素之间互相作用和不同阶段的不同变化,原来存在于生态课堂中的平衡被破坏,如若原来存在的平衡被破坏,必须再创建一个新的平衡。例如,若学生输入的语言达到足够的量,再次输入时就会出现对语言输出的抵触,而教学辅导工作应根据这个规定进行改变。换言之,语言在输入阶段的原有平衡如果被影响,需要再次创建一个全新的平衡。这个过程的存在也是哲学上所讲的量变积累到一定程度必然引起质变的过程,学生的人文素质和语言能力通过积累得到一定程度的提升。大学生态型英语课堂的轨迹发展过程,也是学生生命进一步改变与更新时切实经历的过程。学生身心成长与发展过程是生态课堂本身固有的根本属性,而且学生生命进一步改变与更新,应该有一个融洽健康的生态大环境。

大学生态型英语课堂把学生观念的更新改变当作立足点,努力调配处理生态型课堂中每个元素之间的相互联系,尽力营造出拥有互利共生关系的教育大环境。大学生态型英语课堂依据学生的实际情况和需求,调整教学内容、教学方法和目标,优化教育教学资源并且进行合理配置,尽最大努力完善每一个元素在生态中所处的位置,从而使生态化课堂环境在教书育人方面发挥出最大潜能。大学英语生态教学的动态平衡性主要体现在以下方面。

(一)教学与外部环境之间平衡

在基于计算机和课堂的新型教学模式下,学校为大学英语教学创造出良好的教学支持环境。从硬件上来讲,配备大学英语教学所需的各种多媒体网络设备,并进行及时维修和更新,保证学生的自主学习能够不受时间、地点和设备条件等因素影响,切实提供充分、优良的环境和条件;从软件上来讲,从培养师生正确的信息观念入手,提高教师掌握和运用信息技术的能力,完善教学服务体系等方面。只有保证良好的教学环境、充足的教学资源,才不会对大学英语教学造成影响;在强大的信息技术和资源支持下,有利于防止大学英语教学系统相对封闭性,更有利于促进该系统物质、能量和信息的有效循环,进而优化大学英语教学功能。

(二)教学内部的平衡发展

教学内部平衡发展不仅体现在教学观念与教学行为、教学内容与实际需求、教师与学生等因子之间的相互制约与发展,也体现在教学过程中知识与情感的交流与碰撞。世界上不可能有能够预测一切的教学计划,因为教学总是处在不断变化中,会有突发状况,随着学生知识容量的增加和知识体系的变化,其需要、目标和方向等都可能发生变化,要求教师、教学必须做出相应调整,必须处于一种生长、变化的过程,以适应学生主体变化,只有这样,才能保证大学英语教学稳定和发展。在教学与交流过程中,生态主体之间难免会出现矛盾,只有在师生共同寻找问题、发现问题、解决问题的过程中,才能达到师生和谐、统一。这一过程不仅是知识的传承与发展,也是生态主体心理与情感的发展过程,是实现自我成长和师生共生的必由之路。

第二节　大学英语课堂的生态结构与功能

一、大学英语课堂的生态结构

(一)学生结构

大学生是英语教学的接受者,教学活动的主体,整个教学活动都是围绕学生的学习而展开。长期以来,教育改革中提倡任务型教学,英语教师指导学生完成一系列任务显得尤为重要,主要包括情感认知、社会实践、协作探究等,通过完成类似任务从而感受成功。在学习过程中,学生要不断进行自我心理调整,以积极的精神面貌和端正的态度,努力把语言运用到实际生活当中。此外,对于学生的英语评价体系也应该引起重视,评价体系可以分为形成性与终结性,主要培养学生的学习兴趣,激发学习积极性以及自主学习能力。在形成性和总结性两种评价体系中,大学英语教学则更注重形成性评价,即培养学生的兴趣与积极性,帮助他们树立信心,因为终结性评价更侧重于学生的综合素养和语言实际运用能力。无论哪一种评价,都必须本着促进学生语言素养的形成和健全人格的形成原则,促进教师的高水平、高效率发展,从而使大学英语课程逐步完善。

大学英语课堂生态结构有三方面要求:第一,合理利用课堂,积极开展教学活动,为学生搭建一个走进生活,切合实际并跟进时代的学习平台;第二,充分发挥生活中的一切教学资源,通过观看电视,读书读报,上网搜索等众多方式获取信息,拓宽学习英语的渠道使英语学习趋向多元化;第三,鼓励学生参与资源的开发和利用,英语教师要转变教学模式,鼓励学生更多地加入课程资源的收集与整合中去。[1]

(二)教师结构

大学英语教师是教学实践的教授主体,是教学的实施者,教学活动的

---

[1] 彭莉.大学英语课堂教学与优化策略研究[M].北京:北京工业大学出版社,2023.

设计者、领导者和组织者。教师起着媒介作用,搭建起学生和教学内容之间的桥梁,作为教学活动的发起者也是教授活动的主体,教师需要具备生态化观念,培养学生的探究精神以及引导学生在生态化语言学习中找到适合自己的途径,并且有所收获。

大学英语教师的工作重心要放在引导学生上,不仅是引导他们的学习方法和思维转向,引导他们形成正确且良好的人生观和价值观,更要对学生在语言学习上进行启迪、激励和引导。在学生自主学习方面,教师应该学会引导学生提出问题并能够自己解决问题、自主选择适合的学习方式、自主选择学习目标、自己能够控制和调节学习进程。总之,教师在英语生态教学模式中作为有机组成部分之一,有着重要作用。教师在大学英语教学生态中占据主导地位,若想实现教学模式转变,教师就必须从根本出发,多维度分析自己的文化观,价值取向,教学方式与方法等,审视自我,只有这样才能与生态化英语教学模式达成一致。

(三)语言结构

语言能力由语言知识与语言能力构成,二者相辅相成,相互渗透。但从某种意义上讲,英语学习核心在于培养学生的语言素养与技能,而不是语言知识学习。这是因为英语的听、说、读、写、译都离不开英语语言,但英语语言本身就是语言学习所需要掌握的一项基本技能。

一些学生学英语主要是为了应对各项考试的各类英语试题,所以其英语的文化和知识底蕴传授很少,大多数还是答卷方面的技巧训练。然而这样的教育方式是不正确的,要学好一门语言就要学习它的各个方面。所以,英语学习不应该单纯地只学习单方面的英语知识,更应该要具体到英语的各个方面;不能只是单纯地应付考试,要做到听说读写样样精通。英语的学习不只是为了填充知识空白,更多的是将所学的、所理解的知识运用到日常生活中,这种学以致用的能力也是日后学习的重要方法。

(四)环境结构

语言学习环境指的是本来客观存在的或者专门为语言学生提供乃至创设的有利于语言学生进行语言学习的教学场域。从语言学习角度来看,模仿外界环境的语言是人的天性。所以在语言学习过程中,环境的影响作用是至关重要的,语言学习环境的影响因素与其他各种影响因素的共同作用就可以形成一个人的语言运用能力。好的学习环境有利于学生语言兴趣的激发,促进学生的习得效率的提升,并使得学生有运用语言的意愿。所以,语言的习得在很大程度上受制于语言环境的营造[①]。

人们很早就开始重视英语语言环境对英语学习的重要性,不过在如何界定和正确分类教学环境上一直都存在着很大的争议。从大学英语语言教学环境的政策和文化层面而言,教学环境可以分成四种不同类型:一是教学过程;二是教学评估;三是教学大纲;四是语言政策。

语言教学环境可以大致分为两类:一类是内部环境,是指学生的学习制约因素来自学生的心理方面;另一类就是外部环境,是指对学生的学习产生影响的因素来自外部条件。同时,大学英语教师素质、英语课时设置、教学硬件设施以及英语教学性质等都是形成英语教学环境变化的重要因素。大学英语教学生态模式环境的实现条件可以分为三种:一是语言学习的社会文化环境;二是学校语言生态环境;三是课堂语言生态环境。

英语读写听说能力的培养需要不同的语言环境。学生学习英语的过程都是基于母语环境,所以,在英语上所花费的精力和时间都是有限的,听和说的训练不足,不过阅读能力的培养则不需要太多的语言环境就能完成。与听说的环境要求相比,学生英语阅读的环境要求更加宽松。因此,阅读能力的培养相对于其他而言更为容易。英语学习环境的营造针对所有学生,所以其环境也能有效地提高学生的阅读理解能力。尽管多媒体技术和网络技术的发展为学生们营造了更为有利的学习环境,但是若是学生的学习时间没有一定量的增加,那么其环境也只是改善了其阅读理解能力培养的条件。而英语专业学生则具有更多的英语学习时间,所以,多媒体技术和网络技术的引入能够有效地促进其获得更好的语言

---

① 郭坤,田成泉.大学英语生态教学环境的优化[J].教育理论与实践,2016(24):56—58.

学习环境。

若是将英语听说能力的培养放在首位,多媒体技术和网络技术的引进也无法真正地改善其教学环境。让学生具备较好的阅读能力是大学英语教学的首要任务。虽然对英语的听说能力有较高的要求,但是阅读仍然占据着首要位置,这也是受目前的现实情况所制约的。从学生以后的工作能力需求的层面来阐述,在学生进入社会工作后,阅读能力依然是必备的一项重要能力,听说写译能力的提升都需要建立在阅读能力的基础之上。所以,阅读能力的培养也成为大学英语教学的首要任务和重要目标。对学生阅读能力培养的重视也是受目前国内只具备这一条件的制约。英语语言环境的发展受全社会英语语言素质提升的制约,只有当英语成为人们的无意识行为时,全社会的英语语言素质才能得到有效提升。

1. 英语教学与课堂生态环境

在我国大学英语教学中,课堂生态环境成为学生互相了解,相互交流的主要领地。大学英语教学与课堂这个小环境环环相扣,换言之,课堂的效果直接影响学生英语学习乃至学生的成才与成人。大多数学生的英语课程学习在课堂这个小的生态环境里完成,是由现在国内社区环境所决定的。国内社区环境还不足以对英语教学产生影响,这就指出了课堂生态环境氛围的重要性,也对教师提出了新要求,教师若想提高英语教学质量,就必须用任务型的教学方式,积极开展多英文教学。所谓多英文教学并不是完全摒弃母语,允许学生使用母语的程度也是教师需要考虑的问题。其实任务型语言专家也表示在英语课堂中需要适当地使用母语,毕竟母语容易使学生理解,但是过多使用母语又会面临英语口语退化以及英语交流得不到提升等问题。

在传统大学英语教学中,一直采用以英语为主,汉语为辅的教学模式,在教学中渗透学习英语的过程就是使用英语理念的过程。多英文教学的好处包括以下两点。

(1)学生可以练习英语听力能力,在良好的英语教学环境下让学生感受英文的魅力,在英文环境下获得知识。这样不仅解决了前面所提到的社区语言环境匮乏的问题,学生还可以通过在课堂中大量的英文输入进一步提升英语水平。在"学得"的同时获得"习得"。另外,课堂中散发的英文气息也会感染学生,激发学生的兴趣,进而调动学生参与课堂的积极性,让学生在英文环境中不断提升自己的英文水平,培养学生口语能力以及英文交际能力。在课堂中,要以学生为主体,教师辅助教学,教师主要负责引导学生,让学生与课堂融为一体。

(2)用语言本身学习语言,是交际教学法的核心理念。英文教学使学生、英语以及学习环境有机结合,让英语成为一种传输媒介,让英文传递知识。英文教学的重中之重就是英语,作为一门语言,英语学习就需要构建基本的语言环境,要求师生在课堂中频繁使用英语,将学英语的过程视为使用英语的过程,这就是所谓的用语言本身学习语言,换言之,在沟通交流中使用语言以激发语言本身的发展,从而达到学习语言的目的。

2.英语教学语言生态环境拓展

随着时代发展,英语学习成为一大热门,要想获得英语学习的好成果。就必须构建和谐的生态语言学习环境,通过亲近语言,使用语言,将语言与文化融合,充分利用学习资源,提升自己的英语水平。语言学习必须有环境相伴,语言脱离环境就会影响语言的理解与吸收,学习效率和效果更会大打折扣。对于大学生而言,从语言理解出发,可以阅读英文报纸杂志,观看影片,利用网络学习;从语言感受出发,可以与外籍或有英语基础的人士沟通交流等,丰富外语知识,创造语言环境,帮助英文学习。

(1)欣赏英文电视节目或原版影片

观看英文原声电影,一边感受电影剧情,一边学习英语,能够透过语言了解当地文化,毕竟语言是文化的载体。可以引用电影中的经典台词到生活中,潜移默化地提升学生的英文水平,了解英文的表达习惯,感受独特的语言文化底蕴。这样,观看英文电影不仅是一种娱乐消遣方式,还能够极大地提升学生的英文水平。观看影片不仅可以带给观众极大的视觉冲击,对学生的听力能力更是极大的考验,因为只有视觉与听觉相融一体才能更好地理解与掌握英语。但是必须有效地利用影片,比如模仿发音,学习和记忆生单词,分清英语中在不同场合的表达方式等。提升英语水平的途径不止于此,大学生也可以采用收听英文广播,参加国际论坛等众多方式。

(2)阅读英语原版材料

阅读英语原版材料,不仅可以拓宽学生的眼界,了解社会发展,丰富课余生活,陶冶情操,更多的是可以提升学生的阅读能力,增加词汇量。在日常生活中,大学生应阅读各个领域的各种材料,为其文学功底打下坚实基础。阅读对大学生的好处绝不单纯体现在文采上,它更能增长学生的见识,完善学生的思想。当读各种各样其他语言的文章,如《国外风情面面观》《培根散文集》《爱迪生演讲录》《世界上最美的散文》等时,既能够增长文学知识,还能够得到全球实时信息,熟悉他国的历史传承。阅读英文原著文章,能感受到作者的情感和英语的语感,这些对想讲好英语的人而言至关重要。品读英文原著作品,还能够在某些层面改善实时材料不足的缺点,还能够提供一个好的英语学习氛围。

(3)利用网络进入英语世界

正在学习英文的大学生,应当积极学会利用网络为学习做贡献。如今,飞速发展的网络让身处这一时代的人有了截然不同的生活,可以在网上畅游世界。网络资源的合理利用,让学外语的同学不只能找到外国的各种方面的最新词汇和知识,还能够听到很多好听的外语歌曲以及有趣的英语段子。网络资源多种多样,不单有词汇、句子、图片,还有声音和视频,这些对于刚学英文的人而言非常有帮助。电脑上的各种运行环境,十分有利于教师通过网络来查看学生的语句词汇的学习情况。

(4)与外国人接触,提高实战运用能力

伴随着国家的飞速发展,英语教育受到更多的关注。大学中外籍教师所占的比重在不断增长,前往其他国家学习的中国学生人数也在飞速增长。一些学生能够有机会和外籍教师相互交流学习。与外国教师交流的增加,熟知并且记住其英语口语的一些最基本特点和特征,长此以往,就学会使用英语了。除此之外,和外籍教师交朋友也是一个非常好的选择,日常生活中和他们多交流探讨,可以提升口语并且了解他国地域文化。我国众多地区不断设计一些与英语相关的活动或组织,为英语学生提供了极大帮助。

3.社会文化生态环境及语言教学

(1)语言和社会

语言是社会内在属性的一种体现,语言能力的培养在很大程度上取决于社会文化生态环境的发展。人类利用语言进行交流和沟通,是一种社会现象。

第一,语言是社会的产物。人类的生存就是和自然环境抗争并从自然中获得生存物资的过程。为了更好地抵御自然环境,人们需要团结起来,相互扶持和相互帮助。团体的形成也为交流和沟通媒介的出现创造了机会,促进人们的日常交流,由此出现了语言这一社会产物。换言之,当人类社会发展到一定阶段就需要进行沟通和交流,语言的出现是自然而然的现象。

第二,语言是社会约定俗成的。语言是一种交流符号,它的组成包括了音、形和义等。任何一个音义的产生都是出自人们的约定俗成。例如阿拉伯数字"1",在汉语里是"yi"("一/壹"),而英语则用"one"来表示,而在法语里则是"un/une"。所说的"地图",在汉语中读"dì tú",而英语用"map",俄语则是"kapta"。由此可见,语言的形和义之间都是由社会群体根据需要所规定的,没有任何的必然联系。

第三,语言随着社会的发展而变化。社会的不断发展和变化必然会引起语言的变化。语言的产生和发展受到社会制度、社会生产、科学技术以及教育和商业发展的影响和制约。而且语言的结构系统和语言的交际功能受其影响最为明显。从语言的交际功能角度看,语言变化可以从语域形成以及方言分化上得以体现;而从语言的结构系统角度看,语言变化主要表现在新语言系统的出现或者旧语言系统的消失等方面,或者是有些语言事实出现变化。而最为显著的表现则为旧词汇的消失和新词汇的出现。

长期以来，对语言本身的研究和分析是语言学的重点研究对象，主要针对语言的语义、结构、语音以及发展历史和演变历史来进行研究。

(2)语言教学和社会文化生态环境

英语学习社会环境主要可以分为三种类型：一是国家大环境；二是社区环境；三是家庭环境，环境的形成也会受到国家经济、文化、教育等影响。英语教学过程中，国家大环境的影响是巨大的。中国快速发展，加大了和国际接轨的步伐，为英语教学创造了更多的国际交流和合作机会，这也使得人们有了更多使用英语交际的机会，国内的英译人才需求量也越来越大。这也让全世界改变了传统观念，更加重视英语学习的重要性，并将之作为一项基本生活需求，对推动外语学习形成了重大意义，有利于国内英语教学的快速发展。由此，国内教育部门也更加重视英语教学，其对国内改善英语教学条件、更新英语教学设备和改革英语教学体制等方面都具有重要意义，也是国内英语教学发展的内动力所在。

英语教学的发展还受到家庭环境和社会环境的制约，英语教学改革也将国家、地方和学校的三重作用的体现放在了首位，这对英语教学的合理开发和研究都产生了积极作用，为学生的英语实践运用创造了条件。一些城市也逐步开始成立英语俱乐部和英语口语角等，这为学生创造了更多使用英语的机会，为学生的学习提供了语用环境。加强了学生的英语交流和沟通，有效地促进了学生的学习热情和主动性。此外，计算机技术和多媒体技术的运用也为英语学生提供了更多有利的社会环境，有利于任务型教学研究的发展。总体来看，大学英语教学和社会环境的独特性，主要有以下表现：

第一，英语语言教学不具备英语国家的社会环境因素，学生接触到英语的环境较少。实际生活中，一般都是采用母语即汉语进行交流和沟通，有些人从出了校门后就再也没有接触英语的机会，这也在很大程度上制约了英语学习效果的提升。

第二，为了适应经济和文化发展的需求而促进英语教学的发展才是教育改革的重要目标，其可以进一步促进学生的国际化发展。所以，英语实际运用能力的提升才是大学英语教学的最终目标,而不要着眼于英语学习的各个细节上。

第三,英语教学环境受传统文化、教育方式以及社会环境的影响和制约,造成学生的学习态度、方式、策略选择以及动机都各有不同,要改变这些特点往往难度很大。加上应试教学的影响较大,很多教师和学生都为了完成应试考试而努力,这一影响是深远而长久的,也造成了所有教学活动的开展和教学方式的选择都是为了应付考试。想要改变这一教育现状,就需要从根本上改革语言考试制度,让教学目标真正地转移到英语实际运用能力的提升上。

综上所述,语言知识与技能必须融为一体,才能更快更好地使英语语言教学得到进一步发展,这也是对英语教学很好的诠释。如何更好地将语言知识与机能有机联系,就必须践行实践性英语教学模式,可以从三方面考虑:首先,改变死扣语法和词汇的传统教学模式,使英语走进生活;其次,改变英语学习方法,应该采用灵活的方式代替机械化的学习;最后则应倡导开放互动的教学模式以及促进知识与技能的融合。

二、大学英语课堂的生态功能

大学英语课堂生态功能是教学生态特征得以体现和发挥的媒介,正是有了教学生态功能,才使得教学活动井然有序,使得教学活动顺利开展。大学英语课堂生态功能主要包括以下方面。

(一)可持续育人功能

"教育"一词中的"育"有养育、培育之意。这个"育"字精确地概括了教育教学的育人功能,即对人身体素质的培育;对人智力、审美等能力的培育;对人道德素质的培育。育人功能是教育教学最根本的功能,基于此,大学英语课堂教学应建立在促进学生身心全面发展的基础上,教育教学的育人功能不是一蹴而就的,它必须经过历史的沉淀以及教学的检验,是一个持续的过程。大学英语课堂生态的可持续育人功能,主要体现在以下方面。

1. 大学英语生态教学是一个漫长的、持续的过程

首先,英语教学作为一个紧密联系、不容分割的系统,其发展过程一定是缓慢而持续的。上一阶段的教学为下一阶段教学奠定坚实的基础,下一阶段教学是对上一阶段教学成果的补充及传承。同时,教学内容之间也是相互联系,相互作用的。其次,作为教学对象的学生个体,其身心发展也需要一定的阶段,其对知识的接纳程度、理解能力等都需要一定的过程。对他们而言,不同的学习内容能促进不同能力的发展,它们都是为提升个人整体素质而服务的。因此,教师在教学过程中不能一味传授知识,而是教会学生正确、高效的学习方法,培养学生活学活用、举一反三的能力。学生应把固定的学习内容变为活的学习能力,并且长期坚持下去养成终身学习的习惯,从而受益一生。这一过程是漫长而持续的,不能一蹴而就,这也是教育可持续育人功能的体现。

2. 大学英语生态教学在发掘学生潜力、培养学生创造力方面具有重要作用

首先,作为教学对象的学生,他们的潜力和创造力是无穷的,但这些内外的个人能力往往容易被忽视,因而不能很好地被发掘。但创造力和潜力对学生的发展至关重要,它也是重要的教学资源,所以在教学过程中,教师要善于观察,用心发掘学生内在的创造力和潜力,使其逐渐外化为显在能力。学生的潜力和创造力是无限的,所以,教育对潜力和创造力的发掘也是无限的。其次,作为重要教学资源的课程,内容复杂多样:既包括考试、测验中所考查的课本内容、教学目标等显课程,又包括那些渗透于教材外,对学生产生潜移默化影响的价值观、礼仪、学习态度等潜课程。通常学校里起教育作用的课程有三种,分别是有明确教学目标和教学内容的正规课程、各类社会实践活动以及促进个人自我意识发展的潜在活动。其中,前者属于显课程,后二者均属于潜课程。由此可见,潜课程和显课程一样重要,它对于学生的身心发展影响重大。因其涉及范围广、影响力大,所以在教学活动中,学校和教师要正视潜课程的作用,正确引导学生并将潜课程纳入教学内容,在教学过程中将潜课程与显课程有机结合,充分发挥潜课程的积极作用。因此不管从教学对象来看,还是从课程内容来看,教学都应充分发掘学生的潜力,培养学生的创造力。

(二)制度规范功能

在自然界中,生物链将各类不同生物紧密联系起来,一条条生物链环环相扣、相互影响、相互制约。在物竞天择、适者生存的自然法则规范下,所有生物共生共荣,和谐共处,从而形成复杂的自然生态系统。大学英语教学就如同自然生态系统,它由各类复杂的教育因素组成,而这些教育因素又在教学规范的制约下相互影响、相互作用。这些规范虽表现形式不一,却在各个方面指导着教学活动,影响着教学质量。

制度规范属于有形规范,它通过制定一系列教学制度来指导和规范教学活动。这些硬性制度多以条款形式存在并以教学管理制度形式在日常教学中表现出来。教学管理的记载最早可以追溯到《学记》,《学记》中详细记载了关于学籍管理和成绩考核的具体细则,并通过严格的教学管理制度来达到所追求的教学目标。与古代教学管理制度相比,中国现代教学管理制度有了较大发展,不仅在内容和形式上相对多元,在内涵上也相对深刻,具有时代特色。现代教学管理制度是基于教学目标、教学方法、教学过程、教学组织形式和教学评价、教学质量等教学因素基础的全面管理体系,它强调落实好每一个教学过程,强调尊重教学规律,强调运用现代化的管理理念和方法指导教学工作,强调最大限度地调动师生学习积极性,保证教学目标的实现。以教学评价的管理为例,为保证教学评价的效率和质量,一般会对评价主体、评价形式、评价标准、评价手段等主要评价要素进行管理。严格、规范的教学管理制度对于达到教学目的、提高教学质量有至关重要的作用。因此日常教学活动只有实现教学管理的科学化,才能实现教学效果的优化。

在长期教学活动中,教育者根据教学经验达成了一系列教学共识,这些共识在漫长的教学过程中逐渐转化为教学规律,其不仅对教学的性质、方向和结果具有一定决定作用,而且能有效地指导教学。相对于教学管理制度这种有形规范而言,教学规律则是一种无形规范,它是教师和学生心中的准绳,不可改变和违背。在大学英语生态教学活动中,充分利用教学规律可以有效地实现教学目标、快速地提高教学质量。一般大学英语生态教学活动中常用到以下教学规律:社会需求影响教学目的、教学内容、教学任务等;教学与发展二者是相互促进、相互制约的;教师的教与学生的学是相互影响、紧密联系的;教学效果并不是单一地取决于教师的教或学生的学,它取决于诸多要素所形成的合力等。[①] 这些规律存在于日常教学的各个方面,只有正确地认识它,才能更好地运用它。

(三)动力系统促进功能

在以教学为促进教师和学生发展的动力系统中,动力促进是坚实的基础。李森教授在《教学动力论》中,从矛盾论的观点出发,多维度深入剖析了教学动力各影响因素间的矛盾关系。例如:教与学的矛盾、教学过程与社会过程的矛盾等。该书通过对学生学习动机的研究,旨在探索教学的动力促进功能及其作用。"动机"一词不单单是心理学用语,更是学生学习的内驱力。学生能否积极、主动地投入学习活动,学习质量和教学效果能否显著提升,与学习动机这种内驱力密不可分。因为学习动机是建立在学生兴趣、意志等基础上,并且与学生的理想、信念及三观密切联系。

因此,在大学英语生态课堂的日常教学过程中,作为执教者的教师应当充分了解学生的学习兴趣,积极观察学生的日常生活,把握适当的时机培养和激发学生的学习动力,从而顺利完成各项教学任务。让学生有更好的发展,也让教学质量有更大的提升,教师需做到:第一,引导学生树立积极的学习态度,拥有远大理想抱负。第二,树立教师的榜样力量。教师不仅要有内在学识,更要有教育激情及个人魅力。通过对学生的耳濡目染,增强他们的学习动力。第三,加强与学生的交流及沟通。在充分了解学生兴趣爱好的基础上,采用合理有效的教学方法,正确运用教学艺术,注重将书本知识与实践相结合,由此激发学生的学习兴趣,提高学生的学

---

① 王翠英,孟坤,段桂湘.大学英语生态课堂与生态教学模式构建研究[M].西安:西安交通大学出版社,2017.

习参与度。

教学动力不仅只关注学生的兴趣爱好,更关注教学活动是否尊重人的个性化发展。在大学英语生态教学中,充分尊重教师与学生的个性,让他们更好地融入教学活动,形成师生合力,而这种合力正是教学动力之所在。在尊重个性的基础上开展教学活动,促使教学过程科学合理地有序开展,从而取得较好的教学成果,生成教学动力。相应的,教学动力又调节教学活动,推动教学活动持续进行。由此可见,动力促进功能是教学内在的功能,既能实现教学的自我激励,又能实现学生的学习激励。

综上所述,从生态观的角度看,大学英语教学本身就具有生态特征及生态功能。它是一种持续的生命活动,更是一个整体的、开放的、均衡发展的系统。伴随着人类的发展史,教学也不断变革,最终的目的都是使教学的生态性得以发展和升华。

第三节 大学英语生态课堂的构建

大学英语生态课堂与教学构建,有益于学校有目的地组织英语教学,更有益于大学生高效率地学习英语,从而实现大学英语教学目标。

一、大学英语生态课堂的构建原则

大学英语教学作为一个生态系统,拥有系统所属的基本特征。按照生态系统的基本特性和教育教学的基本规律,构建相对理想的大学英语教学生态系统必须充分体现以下原则。

(一)可持续发展原则

可持续发展指既满足当代人的需要,又不会对后代满足其发展需要的能力构成危害发展;不仅看到眼前的利益,也放眼未来;不仅局限于人类本身,也强调环境、经济、社会和人类的协同、持续发展,是建立以人为中心的自然、经济、社会复合生态系统,并进一步促进系统的持续、稳定、健康发展。可持续发展的理念强调持续性、共同性和公平性原则,认为事物发展的各阶段都是相互依存的,目前的发展是将来的基础,要保证事物持续性发展;强调发展的整体性和协调性,认为任何一方的发展变化都会作用于整体,不能因为一方发展而损害另一方,甚至整体利益;强调各个生态主体都拥有平等权利,应当互相尊重。

人类社会的可持续发展在很大程度上取决于生态主体,即人的因素,而教育作为社会大系统下的一个子系统,肩负培育生态主体的重任,对生态主体的观念、素质和行为产生巨大影响。大学英语生态课堂教学作为教育系统中的一个子系统,也应当肩负起育人重任,秉承可持续发展原则,主要包括以下方面。

1. 大学英语生态课堂作为一个可持续发展系统,应当以培养个体的可持续发展为目标,重点是使学生获得终身学习的能力,即学会如何学习、怎样学习。人们不可能掌握全部知识,能够做的是培养掌握知识的能力,只有拥有能力,才能增强在社会中生存和发展的潜力,才能赋予个体旺盛的生命力。

2. 从可持续发展的角度看,大学英语教学的生态课堂不仅包括英语知识的传递与习得,还应该重视学生身体、心理的健全发展,忽视任何一方都会对另一方产生影响,不利于学生生命的健康成长。

3. 教师、学生、环境和其他生态因子是大学英语生态课堂可持续发展的必要组成部分,教师或学生的发展不能以失去教学环境或其他因子的利益为条件,师生和其他各因子是一个统一整体,任何一个因子的缺失或损坏,都会引起整个大学英语教学的不正常运行。因此,大学英语教学的可持续发展应当兼顾全局,注重整体效益的发挥。

大学英语生态课堂的可持续发展在于系统的生命力,即生命存在的能力和生命发展的能力。对于构建相对理想的大学英语教学的生态课堂系统并充分体现其可持续发展能力主要依赖于:一是系统本身的科学性、合理性。换言之,该系统不完全是主观产物,还包括客观需要的产物,其存在、发展、运行具有一定规律,合乎历史逻辑和常理;二是该系统运行的动力是源源不绝的,有持续不断的信息、物质、能量输入和输出,维持和更新系统本身的动态平衡和发展需要;三是系统运行的可靠性和可控性,即系统是有序和无序的有机结合,是可靠的,也是可以驾驭和控制的,能够通过有效调节,维持其正常运行状态;四是系统的各个子系统、各个要素的主动性和能动性,都是积极的而不是消极的,是主动而不是被动的,是求新求异的,不是保守的,都有使系统更优的普遍心理追求和实际行动。

学生自身的可持续发展在于教学系统要将学生塑造为人格健全的、会生存、会创造、会发展的能动的人,是全面发展的人。现代教育的价值取向是追求人的发展,追求人的全面发展。人的教育与发展不仅要求知识的积累、观念的更新,更要求人的综合素质培养和提高。人是可持续发展问题的核心,教育的可持续发展强调在不同阶段关注发展个人的意识、能力、态度与价值观;强调学会生存、学会生活和学会发展,使其能够有效地参与地方、国家的可持续发展行动,以建立更具公平性及可持续发展的未来;使其具有整合环境、经济与社会问题的决策能力和执行能力。

(二)整体性原则

大学英语教学的生态课堂是由教学主体(教师和学生等)、教学物理环境(自然环境)、社会环境、心理环境、规范环境(教学目标、教学策略和教学阶段等)等要素构成的统一有机整体。教师和学生脱离教学环境,便不再是严格意义上的教师和学生,而没有教师或是学生的教学,同样不再是教学活动。教学系统中的教学目标、教学策略也不是先于教学系统而存在,而是在教学系统不断优化和发展中逐步形成和完善的。因此,关注各个要素的同时,需要考虑系统整体的平衡性,而系统整体的稳定和发展也是各要素共同作用的结果。因此,在构建相对理想的大学英语教学生态课堂系统时,必须把系统的整体性放在首要位置,并发挥其作用。

在研究教学系统中的各个要素时,既要将学生看成整体系统中的一个重要部分,又要把学生看作是一个完整的生命有机体,尊重其认知、情感发展的规律,赋予学生完整的生命教育。大学英语教学策略与教学方法也有各自特点和规律,在尊重规律和特征的同时,需要考虑如何优化和加工,才能使其为英语教学系统的整体目标服务。

生态世界观强调,世界是一个具有内在关联的、生活的生态系统,是由事物间动态的、非线性的、永无止境的相互作用组成的复杂关系网络,呈现为一个不可机械分割的有机整体。整体性是生态系统内部各组成要素,并不是彼此独立,而是具有联系,它们相互联系、相互制约,共同组成一个具有一定功能的有序整体。需要明确的是,整体功能不是各组成部分的简单叠加,而是通过各组成部分有秩序、有规律地结合,形成整体所拥有的特定功能。

运用整体的观点考察大学英语教学系统,可以发现大学英语生态课堂是由教师和学生等生态主体、多维生态因子与环境相互作用、相互影响,共同形成一个复杂而统一的整体。各组成部分具有不同的特点和功能,在整个教学模式的不同时空位置上发挥不同作用。只有各生态要素协同发展,才能促进大学英语教学整体功能的发挥,从而实现整体发展。由于在大学英语教学中,各生态因子存在相互联系,其发展并不是无限制的,而是受到其他因子和环境影响及制约的。正是通过各因子之间此消彼长、竞争与共生,才使整个系统得以不断发展,不断追求大学英语教学整体的最大效益。具体而言,大学英语生态课堂教学的整体性表现在以下方面。

1.大学英语课堂教学系统中,生态主体本身就是一个有机、系统的整体,体现作为个体"人"的整体性。在该系统中,学生是最重要的生态主体,大学英语教学不仅要关注学生语言知识的习得,更要把学生看作一个完整的生命有机体,注重情感、价值观等方面的发展,赋予学生完整的生命教育,才是生态化大学英语教学的出发点和落脚点。

2.生态化大学英语课堂教学系统中的师生是一个统一整体。师生关系从传统的教与学转变成平等对话、互惠互利的生态关系。教师的"教"要以学生的"学"为基础,教师教学方法的使用、教学语言的选择和教学手段的取舍,都要以学生为中心,尊重学生身心发展规律;学生的学习态度、学习行为和学习兴趣也影响教师情绪的变化和教学能力的发挥。因此,只有建立生态型的师生关系,师生整体才能得到优化,实现师生"共生"。

3.大学英语生态课堂教学活动的各部分应该具有整体性,主要表现在:教学目标上的整体性,包括知识、技能、方法、情感等培养,是为了促进学生全面发展;教学内容的整体性不仅强调课内与课外、教材与现实的整体联系,也主张相邻知识或性质相近学科间的整合,主张跨学科或超学科互动;教学评价的整体性指要把学生看作完整的人进行全面评价,不能仅对学业或是侧重于某一方面进行评估。

4.生态主体与环境是不可分割的整体。大学英语生态课堂教学中的空间环境(如教室的大小、桌椅摆放等形成的环境)、文化环境(如师生服饰、习惯习俗等形成的环境)及精神环境,都对师生的教和学产生直接或间接影响。

5.大学英语生态课堂教学系统本身就是一个整体。教学中的每一个因子都有其存在价值,大学英语生态课堂教学的成功在于各因子的综合作用,实现其整体效力。

(三)相关性原则

学校内的教务部门、英语教学机构、学生班级、教务人员、教师、学生、校园环境实验室、实践基地,教学制度、教学要求、教学模式、教学管理、教学方式等,都紧密联系、相互依赖、相互作用,作为系统要素,表现为一种相互关联的共生态,各要素全为条件并相互影响,就是系统的相关性。

大学英语教师为学生的学习提供服务,学生又是教师存在的条件,学生之间也存在共生性。不同教育群体处于同一个教育生态系统中,为全面发展创造良好的校风、址风;彼此间又相互学习相互鼓舞、相互提高,体现互助和互惠关系。因此,必须高度重视系统相关性的特质,正确处理各要素之间的关系,使之相互协作、相互支持、相互补充、相互理解,才能充分发挥各自的积极性、创造性,形成强大而健康的合力,使大学英语生态课堂教学环境成为一个充满活力、生机勃勃、有序运行、高能高效的教学生态系统。

(四)有序性原则

构建相对理想的大学英语生态课堂,遵循有序性原则显得尤为重要。

在大学英语教学生态系统内部,各个子系统、各个要素均是层次等级结构,其形态特征是稳定有序的。但事实上,形态特征的稳定有序并不能说明实际运行一定稳定有序,这是在构建相对理想的大学英语生态教学系统时所关注的一个核心问题。需要特别指出的是,大学英语教学活动总是希望过程稳定有序,是完全正确的,但这种愿望和追求又不能过于绝对,因为波动和无序也是客观存在、不可避免的。

有序使人们便于驾驭局势,便于操控实际工作,实现既定目标,但有序也会束缚和限制人们主动性、创造性的发挥;无序会干扰有组织、有计划、有目的的工作,但是会带来自由发挥和机动调整的新因素,带来可供选择的新机会,由此而纠正或者完善既定计划方案中实际存在的误差和不足。因而,有序和无序是人们在工作中发挥主动性和创造性的必要条件,同时又互为限制因素,二者彼此适合才能构成系统的不断优化。这一点对于创建相对理想的大学英教学生态系统具有启示作用,因为要构建的系统是一个自由活跃、充满和谐和生机的系统。

(五)协变性原则

协变性指当系统出现变化,特别是出现无序时,通过系统内部的协同作用,使系统实现有序。实际上,大学英语教学过程是一个动态起伏的过程,有智慧、有经验的教师会把这种动态起伏把握得恰到好处,做到动静有度,起伏有序。在英语课堂上,教师、学生以及他们的心理情感是相互作用、相互影响的,一个因子的变化会导致另一个因子发生变化。这种变化作为系统要素因子可以维护系统的有序性,也可以影响系统的有效性。如果是后者,需要通过系统内的协同组织功能消除影响,使系统重现有序。

教师的教学理念将决定选用的教学模式、教学方法和教学资料,不同的教学模式、方法和教材对学生的知识结构和认知能力将产生不同影响。学生也许不适应,但会努力做出心理调整,使知识结构和认知能力适应教师教学发生的变化。学生的认知结构和认知能力变化,反过来又将改变教师的教学理念,教师或将坚持教学理念,或将重新理解,甚至放弃已有的教学理念。

协同变化还表现在教师和学生间的情绪变化。学生的情绪会直接影响教师的情感,在积极的课堂情感环境下,学生的主动参与会提高教师的教学热情。反之,学生没有热情,教师的情绪也会受到影响。同样,教师的情绪也会感染学生,亲切热情的教师更具有感染力,更能调动学生的积极性和兴趣。

二、大学英语生态课堂的构建要求

大学英语生态课堂是大学英语教学系统、大学英语教学政策系统和教师、学生心理情感系统以及学校所处自然环境、社会环境的复合体。构建相对理想的大学英语生态课堂教学系统,应具备关键的两个条件:一是组成该系统的各要素应比现有要素更优越、更强健;二是由这些要素组成的系统结构应比现有的系统结构更优越、更科学,才能保证系统更优越、更高效、更强劲,实现人们对大学英语生态教学模式所期望的功能效果。因此,构建相对理想的大学英语生态课堂,至少有以下几方面的要求。

(一)构建一个紧密联系的系统

联系是事物本身的固有属性。系统是由一定数量并相互联系的要素组成,是事物普遍联系的一种状态。联系导致事物之间及事物内部各要素之间相互影响和相互作用。在相对理想的大学英语生态课堂教学系统中,作为要素的大学各有关部门(尤其是教学管理部门)、各院系(尤其是承担大学英语教学任务的外国语学院)、各专业、各班级以及教师、学生、教学空间等,还有大学英语教学政策系统、教师学生情感系统及其各要素,均应是紧密结合、有机联系的。换言之,这些要素的存在和组合需要紧密联系,其组织、机制和秩序要便于系统有目的地运行。因为紧密联系才能构成系统的整体性,才能实现整体大于部分之和。这种紧密联系是各要素相互依存、相互制约、相互作用,是系统高效做功的反映。这种紧密、有机的联系也是系统的结构性和相关性的保证,而结构性和相关性又是决定系统整体功能的关键,结构愈合理,相关度愈大,整体内能愈好,反之亦然。

(二)构建一个稳定有序的系统

系统具有严密的结构和稳定等级层次,以体现系统的组织化及各要素之间不可分离的相关性,也是系统运行稳定有序的基础和前提。相对理想的大学英语教学生态系统应是一个稳定、按规则运行、易于调控的高效高能系统,必须限制、消除无序,保证和扩大有序,能够正确处理有序和无序的辩证关系。

大学英语生态课堂教学系统的结构关系、等级层次、运行秩序应是严密的、明确的,校级教学行政管理部门及各相关部门的职责、任务、工作方式与内容,院系及外国语学院的职责、任务、工作方式内容,教师、学生的任务和教学方式、学习方式内容,都应明文要求,并有严格的执行和检查督导机制,才能及时消除工作中的无序和干扰,保证整个教学活动稳定有序地进行。

(三)构建一个开放创新的系统

开放系统是与周围环境和相关系统发生信息、物质、能量交换的系统,是一个活的系统。开放系统一旦切断与外界信息、物质能量的来源,会影响系统的稳定有序。同时,系统的自组织能力能够在一定条件下应对和抗拒外部干扰,保证系统的稳定性。开放的系统一定要不断吸收外来事物,以维持和发展自身运动。构建相对理想的大学英语生态课堂教学系统,必须是一个开放系统,也必须吸收外部信息、物质、能量,保证自身运行。教育的开放与交流是人类文明进步的表现,创新是事物发展的不竭源泉,也是系统不断进步、不断优化并朝着最优状态接近的强大动力,对相对理想的大学英语生态课堂教学系统建设尤其重要。因此,相对理想的大学英语生态课堂教学系统,必须是一个改革创新的系统,是一个兼收并蓄、对外开放的系统,以保证系统的可持续发展。①

---

① 周莹."互联网+"背景下地方本科院校大学英语生态课堂构建探索[J].教育理论与实践,2016(36)51-54.

(四)构建一个自调自控的系统

为了保持和发展系统的稳定、有序和高效,相对理想的大学英语生态课堂必须具有自我调节、自我控制、自我纠错的机制和功能。对此,要求系统具备较强的环境适应能力、协同调处能力、信息反馈能力。其中最关键的是系统不仅能快速发现外界干扰,而且能够很快发现自身运行中出现的问题;既可以及时对抗干扰,又可以及时自我纠错,使系统按照既定目标,持续有序运行。相对理想的大学英语生态课堂,应该展现自调自控能力。因为大学英语教学是一个庞大复杂的系统,系统本身和系统运行受到外界干扰是不可避免的,但出现问题的系统,应具备解决问题的能力,这样才能确保整个生态教学系统的顺利运行。

(五)构建一个充满活力的系统

活力指旺盛的生命力,行动、思想和表达上的生动性以及积极的情绪和心境状态。活力包括三个方面,即体力、情绪能量、认知灵敏性。把"活力"的概念移植到大学英语教学生态系统中并作为一个特定功能,要求相对理想的大学英语生态课堂教学系统具有旺盛的生命力,充满无限生机。具体而言,该系统中的人(管理人员、教师、学生)应身体健康,精力充沛,饮食、睡眠良好,业余活动积极向上,思维敏捷、工作和学习效率高,充满自信,追求卓越,动机强烈。

大学英语生态课堂应该以人为本,实行人性化管理;教师不断改进教学方法,因材施教,倾听学生意见,课堂生动活泼,既教书又教人;学生学习积极主动,能够把握情感情绪,以饱满的热情听课,并热衷师生互动。该系统所遵照执行的各项政策、规定制度,其指导思想正确,内容切合实际,既能规范各项教学活动,又能体现民主管理,调动师生员工的积极性和创造性。

三、大学英语生态课堂构建的优化

为解决大学英语生态化教学中出现的各种问题,使失衡的系统重新达到生态平衡,必须对大学英语生态课堂进行优化和重构,使其能够获得动态、良好和健康地发展,进而实现整个大学英语生态课堂的发展。

(一)大学英语教学的生态课堂理念优化

大学英语教学的生态课堂优化要在坚持可持续发展、整体性、开放性和动态平衡性原则下,从各个生态因子及其之间的关系入手,采取各种措施和策略,是一个需要全方位推动的复杂过程。在这个过程中,要以观念为突破口,因为人的行为是以思想、观念为指导,同一件事情在持有不同观念的生态主体影响下会产生不同结果,有时甚至截然相反。因此,大学英语生态课堂的优化,应以观念的改变为前提和首要策略。

1.确立以学生为本的英语教学理念

大学英语生态课堂教学要以学生为本,一切为了学生的全面发展而服务。大学英语作为一门兼具工具性和人文性的课程,在教学过程中,尤其要树立以学生为本的思想,换言之,要以学生为中心和实现学生的可持续发展。

(1)以学生为中心

大学英语生态课堂教学坚持以学生为中心,使大学生处于整个教学结构的中心。在教师、学生、信息技术、教学活动等生态因子中确立学生的中心地位,各因子要为学生的学习和全面发展服务。教学目标、教学要求等制定,要以学生为出发点,同时形成开放、灵活的体系,具体的目标和要求应随学生的发展变化做出相应调整;教师不论是在课前备课、课上组织,还是课下反思,都要心中有学生,教学内容的选择、教学活动的组织和教学方法的采用,都要以学生的需要和实际情况为出发点;信息技术要服务于学生的学习和发展,防止出现信息技术占据教学中心或仅成为教学摆设的现象,合理且充分发挥信息技术的优势,才有助于学生教学结构中心地位的确立。

以学生为中心还体现在学生的主体地位上。大学英语的传统教学模式是以教师为中心的教学,然而,大学英语作为一门实践性学科,要求学生听、说、读、写能力协同发展,大学英语生态课堂要求增强学生英语的实际运用能力,这一切都有赖于学生主体地位的确立,主要包括以下方面。

第一,引导大学生主动英语学习。英语学习的过程应当是学生主动建构知识的过程,教师应该激发学生学习英语的兴趣,调动学生的积极性,培养学生主动学习的欲望。在教师引导和多媒体等信息技术支持下,使英语学习成为大学生掌握知识、技能、方法、策略的自主学习和自我发展的过程,使学生真正成为自己学习的主人。

第二,培养大学生参与英语活动的主动性。基于大学英语实践性的特点,大学生应当积极主动地参与各种英语活动和实践,发挥主观性、能动性和创造性,通过与他人、与社会交流,提高英语的运用能力。

第三,大学生应当是学习的评价主体。英语学习的评价目的并不是学生掌握多少单词、句型和语法,或是教师教学结果,而是为了更好地促进大学生学习、提高其学习能力。因此,学生有必要成为评估主体,一方面了解自己的学习;另一方面学会判断、反思自己的学习,通过自我改进和评定,推动主动学习。

以学生为中心应处理好"教"与"学"的关系,以"学"为中心。大学英语教学优化应做到以学生为中心,教师应拥有正确的教学观念,明确的教学目标,做学生知识构建和自身发展道路上的引领者;教师应以学生为对象,预留师生共同探索的空间,以学生的实际情况为基础,设计和组织教学;应考虑如何在教学中提高和锻炼大学生英语的综合应用能力,如何组织有效的语言实践活动,并积极参与该过程;在与学生互动中,指导和协助大学生完成知识的习得与消化。

在信息资源极其丰富的今天,教师还应具备相应的信息技术知识和技能,帮助大学生在庞大的资源系统中去伪存真,吸取对知识建构有益的内容。从大学生的角度讲,应转变思想观念,培养学习的主动性,使自己从被动接受知识的客体转变为主动构建知识的主体;认识到语言学习的特点,主动与他人、同伴和社会进行交流,在语言学习过程中实现多维互动,不断提高英语学习和语言运用的能力。

以学生为中心的学习是基于资源的生态型学习,强调资源的最优化,重视资源的多元性和及时性,要求管理服务的有效性。学生学习资源的选择(包括文本、音频、视频等内容)和信息技术的利用,在很大程度上受到客观条件限制,对此要求教师和教学服务人员树立为学生服务的意识,一切以学生的学习、成长为基点,尊重和服务学生,利用现代信息技术和计算机网络优势,为大学生营造必要和良好的个性化、自主化的学习环境。[①]

(2)培养学生可持续发展

大学英语生态课堂教学应培养学生可持续发展能力,帮助学生形成终身学习的愿望和观念。要达到这一目标,英语教学应从激发大学生的内在学习动机入手。所谓学习动机,指学生个体内部促使其从事学习活动的驱动过程,通常表现为渴求学习的强烈愿望、浓厚的求知欲望、认识世界的兴趣、探究事物的好奇心、主动认真的学习态度及高涨的学习积极性等。只有在内部学习动机作用下,大学生才会拥有学习的主动性和创造性,有利于大学生接受知识、学以致用。同时,大学生学习的过程才能变为主动探究、享受知识的过程,才能真正成为生态主体持续学习的源泉。

大学英语生态课堂教学应把教学重点从语言知识点的讲解转移到教学过程上,在学习过程中贯穿终身学习的理念,挖掘大学生的学习潜能,帮助大学生获得学习英语的方法、策略,培养大学生可持续发展的英语学习能力,其中包括自主学习的能力、语言交际的能力和一定的信息素养。在教学过程中,教师可以采用多种教学方法,提高大学生的参与度,使他们在提出问题、分析问题和解决问题中体会获得知识的过程,积累学习方法,探究英语学习的规律,掌握英语自主学习和语言交际的能力及技巧。

在信息社会,一定的信息素养也成为学生学习能力的重要组成部分。面对大量信息,大学英语教师应在教学中引导大学生如何搜集信息、选择信息和利用信息,只有具备一定的信息素养和利用信息技术的能力,才有助于信息技术环境下,学生英语学习能力的发展,而学生只有拥有英语学

---

① 王勃然,赵雯.生态语言学视域下的大学英语在线开放课程教学生态建构[J].外国语文,2020(6):134-140.

习能力,才能在学习、工作和社会生活中不断习得新的知识和技能,迎接新的挑战,实现自我的可持续发展。

大学生在大学英语生态课堂教学中获得的不仅是知识及相应的运用能力,也是个人素质、人格和情感协同发展的过程,是对完整的人的教育发展过程。教师要尊重学生之间的差异,考虑不同学生的性格和兴趣,因势利导,赋予学生最大的发展空间,保护他们的创新精神,引导他们全面发展。此外,大学英语教师应致力于师生关系的建设,重视情感因素在教学过程中的重要作用,努力营造轻松和谐的学习氛围,消除学生的焦虑紧张感和师生之间的距离感,建立融洽的师生关系。学生只有感到自由、开放与和谐等氛围,才能更积极有效地进行英语学习,不断充实自己的知识世界和精神世界,实现"完整"的发展。

大学英语生态课堂教学强调在教学过程中注重培养学生可持续发展的能力,同样,在教学评估中也不能忽视这一点。要实现大学生的可持续发展,在形成性评估中不仅要评定学生日常表现,包括课堂活动参与情况、日常测验成绩和作业完成情况,还包括学生的课外表现,如第二课堂的组织与参与、参与社会英语活动等;教学评估的形式可以有很多种,包括观察、访谈、互评、自评等。对于大学生在学习过程中表现出的情感、态度、能力、创造性思维等,也应涵盖在评估范围之内。在肯定学生学习成绩的同时,只有承认学生的个性、专长和创造力并予以鼓励,才能促进大学生全面发展;只有在评估中秉承这样的思想,才能保证学生可持续发展的动力。

2. 关注学生群体内部的生态成长

大学生是大学英语教学生态系统中最重要的生态主体,学生种群也在该系统内处于中心位置,学生种群内个体能否健康成长、个体之间关系是否得到良性发展,对于整个大学英语教学系统的优化将起到至关重要的作用。存在于学生种群内的个体具有生命差异性,虽然他们的年龄和专业相近或相同,但每个学生的背景、个性、爱好、价值观等不同,都是一个不同于他人的生命个体,正是因为个体发展水平的差异性、认知能力的不同,才使得每个学生都拥有自己的生态位。因此,要求教师应关注不同学生的生态位,根据不同学生的特点,实施个性化的教学策略,有针对性地选择、设计教学内容和教学方法、因材施教,以达到学生个体生态位的优化。

教师应认识到学生生态位随着其他因子或环境变化而变化,要求教师在教学中关注学生种群内部关系,利用生态位原理优化种内关系。根据生态位的竞争排斥原理(高斯法则),教师可以按照教学和学生的具体需要采取措施,促进学生生态位的重叠与分化。

大学英语教学生态系统不同于自然界的生态系统,其中很多教学资源可以实现再开发、再利用、再循环。在这种情况下,促进学生生态位的重叠,有利于学生个体发展和大学英语教学的顺利进行。例如,英语教师可以采取学生合作学习的方式,促进生态位的重叠。学生以小组为单位,采取共同学习的方式,同时参与教学资源的探索与开发。在这种情景中,学生虽然享有相同的材料和资源,但学生个体之间通过不断讨论和交流,不仅解决了问题,完成学习任务,又学习了他人的技巧、方法和策略,还提高了交际能力,增进友谊,丰富学生的精神生活。同时,教师根据情况和需要也可以采取措施,促使学生生态位的分化。因为学生是有着各自特点的不同个体,大学英语教学应赋予大学生展示自我、发展兴趣的机会,使他们充分发挥长处,成长为区别于他人、具有强大竞争力的生命个体。学生在学校学习过程中形成的知识结构、能力弱、素质等,也在一定程度上影响着其在未来社会中的生态地位。

大学英语生态课堂教学可以通过设置多种课型,促进学生生态位的分化。根据学生兴趣设置不同的选修课程,为学生提供宽松的学习环境和广阔的发展平台,使学生在不同的课型中找到自我,充分展现才华,获得自我满足感,从而有利于学生树立自信心,有助于学生认清个人潜力,明确其发展目标,促进学生成为具有鲜明的个性特征和创造力的生命个体,这也是对学生个体生态位的尊重,是促进学生学习生命发展的有效途径。

大学英语生态课堂教学不仅促进学生种群内部的生命成长,还应促进学生"自组织"能力的发展。生态系统的自组织指系统不受外部影响,能够通过内部各生态因子相互作用,形成有序结构的动态过程,换言之,指系统拥有自我调节能力。学生个体本身也是一个生态系统,在遇到外来干扰的情况下,学生并不是被动地做出反应,而是可以发挥自我调节能力,做出自我调整。在纷繁复杂的资源面前,大学生可以利用自组织能力剔除不利于知识建构的信息,对于有价值的信息又可以在已有的知识结构上融会贯通,重新建构自己的知识体系。教师应创造机会和条件,促进学生自组织能力的发展,这一过程也是学生学会学习的过程,具有重要意义。

大学生种群内的类型有正式群体、非正式群体和半正式群体等,群体内和群体间的交往模式和形态,能对大学生个体发展和大学英语教学开展都起到一定作用。因此,可利用群体中积极因子的作用,发挥其影响力,带动整个群体,形成良好氛围;重视群体中具有消极作用的因子,采取措施消除其负面作用。对此,教师应充分了解大学英语教学中形成的各个学生群体,对他们进行因势利导,充分发挥群体凝聚力,促进成员间互帮互助、相互学习、相互监督等,从而发挥群体效应。

3. 促进英语教学系统各因子协同进化

大学英语生态课堂的教学系统是一个由生态主体、教学要素、信息技术和环境因子等组成的有机体,其中任何一个因子变化都会引起其他因子发生相应变化,这种相互作用、相互影响的进化关系,即为协同进化。大学英语生态课堂教学作为一个完整系统,只有其内部各因子(种群)协同发展,才能使整个生态系统达到平衡稳定的状态。对大学英语教学系统进行优化,必须重视各因子,即便各因子相互作用,促进其协同进化。

大学英语教师和学生是该系统内最主要的生态主体,也是最重要的种群,必须处理好二者之间的关系,建立生态化的师生关系,实现师生共生和谐。共生指教师和学生互为条件和依托,师生任何一方的变化都会对另一方造成影响,所以应当以师生共生为目标,建立新型的师生关系。

生态学指导下形成的师生关系,应当是民主、平等、交往和对话的关系。师生之间应当拒绝上下级关系,而是进行平等对话,通过沟通和交流,表达个人意见和观点,并通过共同学习形成新的观点。在整个过程中,师生是一个整体,学生和教师都拥有参与权和表达权,享有平等的地位和权利;教师再也不是教学的权威,学生变为自己学习的主人;教师和学生相互尊重、相互促进、共同发展。此外,还应当重视师生情感的协变性,实现协同进化。教师教学中如果精神饱满、情绪高涨,会感染和带动学生,激发他们的学习热情;学生在大学英语教学中的精神状态,也会影响教师的教学情绪和教学能力的发挥。因此,在教学中,教师应当充分发挥精神或情感作用,构建宽松、平等的心理环境,建设深厚的师生情感,以此推动二者协同进化。

促进因子间的协同进化,还必须摆脱限制因子的作用,争取将限制因子转为非限制因子。在实际的大学英语生态课堂教学过程中,各因子都有可能成为影响大学英语教学的限制因子。面对这种情况,师生要发挥主观能动性,善于查找和分析限制教学及学习的因素,加强师生的交流合作,创造条件,共同消除限制因子的影响;优化种间关系,推动大学英语教学的动态、良性发展。为解决大学英语教学生态系统中出现的各种问题,必须运用生态学原理协调各生态因子之间的关系,使其能够兼容,获得动态、良性和健康发展,进而实现整个生态系统的优化。

(二)大学英语生态课堂模式的优化

大学英语教学作为一个微观生态系统,主要由教师、学生、教学要素、信息技术和大学英语教学环境(物质环境、精神环境和社会文化环境)等生态因子构成,在大学英语生态课堂教学模式中,要以学生为中心,教师、教学要素和信息技术共同构成一个立体的三角框架结构。

1.教师在大学英语教与学中担任主导和关键性作用

教师的教学理念、态度、方法等任何一个方面发生变化,都会导致该框架结构发生不同程度的变化,甚至向某一方向发生倾斜。只有实现教师的生态化发展,充分重视和发挥教师的关键作用,才能保证大学英语教学系统优化方向,基于此原因,教师应当处于该三角框架的顶层。

2. 大学英语的一切因素和活动是为了服从和服务于学生发展

学生不仅应处于整个教学生态系统的中心,还应当处于各生态因子的中心。因为各生态因子会以各种形式,通过各种途径,对学生产生或多或少的影响,不存在与学生完全无关的生态因子,所以该模式的"中心"正是学生最佳的生态位。

3. 教师的"教"与学生的"学"通过教学中各要素作用实现

教学要素包括教学目标、教学模式、教学方法、教材等与教学有关的因素,其选择和使用受制于教师与学生的共同作用,直接影响教学质量,关乎学生"学习生命"的成长。因此,教学要素处于大学英语教学优化模式中三角框架的一角,是保持该框架稳定的重要组成部分。

4. 信息技术虽然隶属于教学要素,但已经不再像过去仅发挥"辅助"作用,而是成为大学英语教学中的有机组成部分

因此,在大学英语生态课堂优化模式中,信息技术作为一个单独的生态因子发挥作用。如若缺失这一生态因子,立体的三角框架结构就无法建立,也不利于大学英语教学生态系统的优化。总之,在大学英语生态课堂优化模式中,教师、学生、教学要素、信息技术缺一不可,必须进行有机结合,并在各自最佳的生态位中发挥应有功能和作用。

大学英语生态课堂优化模式构建不仅包含多种生态因子,也体现复杂的生态关系,是一个生态因子通过相互作用、相互影响,以实现物质、能量和信息不断流动的动态发展和相对平衡的生态系统。在这一系统中,不仅有师生之间的种间关系,还有教师与教师、学生与学生之间的种内关系;不仅有教师和教学要素及信息技术的关系,还有学生与教学要素及信息技术的关系;不仅有生态主体间(教师与学生)的关系,还有教学要素与信息技术的关系;不仅有知识的交流,还有情感和文化的交汇。在优化大学英语生态课堂优化模式时,生态主体通过各种形式相互促进、协同发展,共同构建大学英语教学的物质、精神和社会文化环境,并通过与系统内外交流互动,保证该系统存在和发展所需的物质流、能量流与信息流,为系统发展和优化提供源源不断的动力。

综上所述,构建大学英语生态课堂优化模式是为了从生态学的角度解决该系统出现的失调问题,探讨英语教学生态发展的有效途径,进而促进大学英语教学系统重新达到生态平衡。

四、大学英语生态课堂的构建策略

(一)学生主体的构建策略

1.推动学生语言学习的时空流变性建设

时空流变性建设是基于时空的三维性。空间有三个维度,即长、宽、高,同样,时间也有三个维度,即现在、过去和未来,时间的三个维度与空间一样,都需要引起足够重视。从人文角度和心理视角可以观察和体验到现在、过去和未来,也能够确认三者之间的区别与联系。离开时间的三个维度,则谈不上时间流程和时间观念。

就人文时间中的历史时间而言,可以划分为古代(包括远古、中古和近古)、近代、现代和当代的时间间隔。人文社会科学不但涉及过去和现在,还论及未来。比如,历史学、人类学、社会学等学科,对历史、文化、社会的未来有所预期或进行预测,新兴学科——"未来学"更是以预测时间坐标的"未来"为己任。

就心理时间而言,现在经常与当下、目前、此时、此刻的观察感知活动和生成的印象等相联系;过去同回忆、回想、回顾、怀念之类的心理状态或心理活动的意向性对象有关联;未来则和预测、期待、期望、企盼、展望、憧憬,甚至预知、先知等心理活动的意向性对象相关。

语言学习也是一种学习模式的延续,学生在学习第二语言时不可避免地会受先前母语学习影响。第二语言的学习遵循母语学习规律,并且母语学习的思维将影响第二语言的学习思维,表明语言学习也具有时空思维,与英语的生态教学模式理论相吻合。[①] 此外,语言学习在空间上也

---

① 刘迎红.英语语言学理论及多维视角研究[M].长春:吉林人民出版社,2022.

表现出流变性,表现在语言的学习会受身边文化变化的影响,这个过程对学习母语过程中养成的习惯与经验进行改变,甚至是重塑。语言学习受时间以及空间影响,是二者综合作用的结果。

综上所述,大学英语教学的生态课堂构建,需要以学生为主体,推动学生语言学习的时空流变性建设。

2.提升对学生语言学习历程的影响力

语言学习历程对于语言学习者有很大影响。语言学习者,尤其是多语种语言学习者会受到整个学习历程影响。语言专家可以在多种语言学习以及使用过程中分析出语言的共同点,通过语言的共同点,促进多种语言掌握。作为人类交流工具,各种语言都存在联系,当拥有分析语言共性能力时,会在语言学习过程中找到乐趣,并且能够高效地学习并掌握多语种语言。

大学英语生态课堂可以在课堂教学结束后引入评价过程了在每一个阶段学习后,教师应给予学生一个评价,让学生能够通过评价了解自己对语言的掌握程度,增强学习语言的信心,从而培养学习语言的兴趣,逐步达到自主学习。在评价体系设置上,不能仅考核结果,这样不利于他们将来语言交际的实践。

大学英语生态课堂评价体系分为两个方面:一是过程评价,即对于学生学习英语的过程进行评价、对学习的态度等进行评价;二是结果评价,即在每一个学习阶段结束后,对学生的掌握情况进行结果评价。在这样的教育体制下,教师需要进行自我提升。教师要利用教学能力,为学生提供更多的教学资源和丰富的教学方式。如今,互联网技术如此发达,教师应该引入互联网教学资源、视频教学资源等,让学生在模拟实践过程中获得更好的学习效果,甚至让学生参与视频教学资源的制作过程中,充分调动学生的积极性,更好地提高学生的英语使用能力。

(二)教师教学的构建策略

1.提高教师的语言知识文化观

语言学和语言哲学中的一个主要命题是语言知识文化观,决定着是否能够形成正确的外语教学观。语言观指人们如何看待语言本质,也就是对于"语言是什么"问题的简单回答。一般而言,教师的语言观对英语教学影响包括:在教学过程中,如设计教学大纲、回应学生在学习中的反馈、组织课堂教学等方面遇到问题,而这些都会受教师在外语课堂教学过程及组织的影响。当然,在英语教学过程中,并不是所有的教师都会直接运用语言学知识,教师如果只是掌握其中一小部分语言学知识,并不能解决所有问题,而相互联系但是意义不同的参照构架之间的相互作用,才会产生有效解决语言教学问题的方法。

从表面上来看,教育学、心理学、语言学、英语教学等学科与解决课堂教学中遇到的具体问题方法没有必然联系,但在实际情况中,如果没有这些学科成果,教师根本无法完成教学任务。这些成果包括:英语学习和第二语言学习之间的相同之处与不同之处;语法特征中习得的顺序,即自然顺序假设;态度、动机等心理因素与第二语言水平之间的关系。教师如果要促进教学并得到良好的教学效果,必须让自己的外语教学中渗透语言学、教育学知识,受教学语言观影响,大学英语教师会在教学内容上选择广泛的知识范围,而语言知识的选取则会被教师的语言观所影响。英语教师对所教语言性质的认识,也会受到教师语言观中语言学对于语言描写的影响。语言学从不同的角度,对语言有着不同的理解和描述,其中较有影响的包括4种:工具论、文化论、符号论、社会论。工具论的内容指语言只是一种交流手段,作为人类在社会交往时的一种必要手段和人类生存与发展的必要工具,用于交流、表达思想、讨论工作。文化论认为,实际上人类赖以生存和发展的基础是文化,每一个人都是在一定文化气息中长大和生活的,而语言则是社会文化大系统的主要构成要素之一。

文化环境在生活的各个方面都发挥作用。符号论认为语言实际上是一个符号系统,而语言作为符号系统,具有自身结构和规律,所以,人类语言也成为记录人类行为语言的符号。社会语言学认为语言之所以成为人类赖以生存和发展的必要手段,是因为语言是一种社会现象,是人类社会行为的结果。

对于有着不同解释的语言观,也有语言教学上的争论。工具论者认为在语言教学过程中,学生能否在语言学习时灵活运用,能否在交流中进行学习,才是应该注重的问题,其中交际教学法和任务型教学法是比较有影响的教学方法。文化论者强调的是文化传承在语言教学中十分重要,所以语言应该是在文化教学中学习,要在学习过程中贯穿整个文化主线。社会论认为语言教学应该更贴近现实,主要强调语言教学的社会性;认为在学习语言过程中把学生培养成社会的人才,是学习社会文化、社会礼仪和社会规则的重要之处。因此,一个理想的大学英语生态课堂构建,需要提升大学英语教师的语言知识文化观。

2. 转变教师的教学角色意识

大学英语教学发展至今,不只是要达到单一地对英语基础理论知识传递的要求,还增加了英语交际能力与实践能力、语言掌握能力等,对英语教师提出了更高要求。对此,大学英语教师要转变教育理念,从传统英语基础理论知识的教学逐步转变成多方面的英语教学。为此,教师要从教学实践前期开始改变,对学生进行分析,根据学生的个性化特点,制定教学目标、确定学习方法,从而适应各个阶段、各个层次的学生教学。另外,教师要在原有传统教学手段基础上,增加新的教学手段,引入多媒体以及网络教学资源,丰富教学内容、提高教学效果。教师要改变原有的单一内容型教学传递方式,改变原有仅重视理论知识传递的教学方式,应在教学过程中引导学生学会自主学习,调动学生学习的积极性,从而达到更好的教学效果。

在大学英语生态课堂教学中,要以学生为中心,教师作为教学实践的实施者,应逐步从原有知识传递者的角色中解脱出来,在新型的教育体系中,教师的作用侧重于引导学生进行自主学习。在学生自主学习过程中,教师又扮演着观察者的角色,观察学生在自主学习过程中遇到的问题与解决问题的方法,并且在观察过程中提出问题,协助学生利用自身能力,寻找问题的解决方法。这个过程对教师观察问题的能力有着很高要求。新型的教学实践对于教师的组织教学能力也有很高要求,因为教学实践已不仅局限于课堂上的讲解以及课下考核,而是要在课堂实践过程中组织活动,让学生在活动实践中进行学习。

3. 丰富教师的语言教学方式

随着社会发展和教学体系的改革,大学英语教师在语言教学方式上也要进行丰富,即从最开始完全讲授与接收的课堂教学方法,逐步转变为课本剧表演、课堂讨论等新型的教学方法。此外,教师还可以设计更多的教育教学方法,在制定教学方法时,要以能够促进学生发现并掌握新的知识为原则。教学方法需要在教学实践过程中进行验证,只有在实践中证明是能够促进学生掌握新的知识,有益于学生发展,这样的教学方式才是有效的、值得推广的。大学英语生态课堂的教师在教学方式设计上要有创新,只有新型的教学模式,才能激发学生自主学习的兴趣。因为兴趣是最好的教师,学生对课程有兴趣,才易于取得更好的学习效果。

(三)英语语言的构建策略

1. 英语语言与汉语语言区别

(1)汉语句子重心在后面,英语句子重心在前面

从语言的逻辑角度来看,汉语的表达方式通常将重心放在句子后面。例如,汉语中,先说事实再说结论,先说原因再说结果或者先说假设再说推论。英语则不同,句子的重心一般是在前面,先说结论或者判断,然后进行说明。这样,以汉语为母语的学生在做听力练习时,依照汉语习惯,不重视句子的开头而关注句尾,容易错过英语句子的重点所在,抓不住听力的内容重心。

(2)汉语习惯于补充说明,英语倾向使用省略表达

以英语为母语的人,相比于使用汉语的人群,经常性地省略部分说话内容。英语中,省略方式更加多样,比较常见的有省略句中表暗指的动词或者名词,除此之外,还有句法省略和情景省略等。例如,当几个句子是并列关系时,英语表达中会习惯性地省略听者明确所指的内容或者在前面句子中已经出现过的内容。但是在汉语中,通常习惯将这些词重复一遍,以起到强调或者补充说明的作用。这种对于内容的补充或者省略,是

学生进行汉英互译工作的一个难点。

(3)汉语更倾向使用短句,英语习惯于使用长句

汉语具有很强的穿透力和延伸力,有时通过几个字词就能够直接表达出整句意思或者通过短句表达出超过句子范围内的意蕴。英语中,经常会出现很长的句子,其中包含多层意思和复杂的句法结构。习惯于汉语语句短小精悍的中国人,在阅读英文文献时,遇到最大的困难在于对长句的理解。理解长句往往需要进行语法分析,正因为它的复杂性,使英语长句翻译经常出现在英译汉的考试中。

(4)汉语重语义,英语重结构

汉语的叙述方式通常简单,重点在于陈述意义,而不在于句子结构的安排;语句或短语之间的关系,通过对语义的理解表现出来;英语的语法特点决定其句子间的关系和句意表达完全依靠语法结构的严谨性,如果语法结构不正确,句意就无法理解甚至会产生偏差。一些学习汉语的外国人之所以觉得汉语难学,是因为虽然他们掌握了汉字,也能够组合句子,但在理解句子上还存在困难。

(5)汉语一般使用主动句,英语更多地使用被动表达

英语中,尤其是科技英语中,会经常性地使用被动句式。尽管汉语中也有被动句,也有明显表示被动的词汇,但是相比于英语,汉语的被动句较少,而且汉语中的被动句带有贬义。因此,在大学英语学习中,应惯性地把英语中的被动理解为汉语中的主动表达。

(6)汉语使用分句频率较高,英语则常用从句

汉语表达中,句式较为松散,短句形式十分常见,也习惯于通过语词的意义传达句意。但在英语中,经常使用包含大量修饰语的长句,或者用引导词在主句之外连接从句,使句子十分复杂,难以理解。在理解这样的长句时,需要对复杂的句子结构进行梳理,通常可以使用语法分析法去解决。在传统的英语教学中,语法教学占据重要地位,因为英语和汉语在语法上有着差异性,学生需要通过对英语语法的学习,理解句子成分和句意以及进行文章翻译。

(7)汉语重复表达较多,英语习惯于变化表达方式

英语中,经常会在表达同一意思时变化表达方式,但是汉语中并没有对多样化表达有较高要求,甚至会特意运用重叠词汇或者排比句式增强气势。在将英语翻译成汉语的过程中,同样的意思可以用不同的词汇和表达,可以用重复的表达进行翻译,但是在英语写作中通常需要避免使用重复的词汇或者表达方式。

(8)汉语倾向使用名词,英语则使用代词

在汉语中,名词具有重要地位,松散的句式和短小的句型,使名词的理解在句意理解中占据首要地位,但是在英语中,由于长句更为常见,且句法结构对句意理解起着决定性作用,代词则变得十分重要。

(9)汉语注重推理,英语重视引申

英语单词的词义虽然是固定的,但真正的意义因实际运用的语境不同而不一样。因此,英语实际的意义重在引申,而汉语表达注重推理。

(10)汉语表达较为具体直观,英语则抽象生涩

英语经常使用抽象的表达方式,而汉语则偏爱具体的意象。尽管汉语的表达极为形象直观,但在表面意义背后则拥有更深的意蕴,给人留下想象空间,然而在意义表达上又是含蓄的。

汉语和英语不属于同一语系,在表达方式上存在很大区别。语言的节奏和语体的风格也有不同,在学习英语时,有意识地将两种语言进行比较,尤其注意其中的不同点,能够有效提高学习效率。

2.语言知识与技能融会贯通

语言能力由语言技能和语言知识共同构成,二者相互促进,也相互影响。语言学习不仅是为了语言知识内容的获得,也是为了发展包括听、说、读、写、译在内的语言技能。能够理解和运用语言知识,对于培养语言技能具有重要意义。但只学习语言知识是不够的,在大学英语生态课堂的教学中,在知识传授之外,还要将知识运用到语言实践中,将听、说、读、写、译等实际语言能力的训练和语言知识的学习结合起来。

大学生在学习语言知识时,要具有在语言实践中运用知识的意识而不是只将知识作为头脑的储备;在语言实践中,要将实践作为巩固知识的手段。只有使语言技能和语言知识相互促进,才能让语言教学取得更好

的效果。英语教学的定位也应当参照这一标准,在语言技能和语言知识结合中,应该坚持实践性原则,不应过于重视词汇讲解和语法知识的传授,而应当采用互动、开放的教学模式,将技能训练和语言知识传授紧密地融合在一起。

(四)教学环境的构建策略

语言环境对语言学习有着非常重要的作用,人所处的语言学习环境中各种要素综合产生的作用,最终决定一个人的语言能力。当一个人所处的语言学习环境利于学习时,能够调动学生学习语言的积极性,使其产生原动力,推动学生积极主动地学习语言。学习语言的环境对于语言学习起到至关重要的作用,语言环境是语言学习者的摇篮。

阅读、写作、听力、口语学习对语言环境的要求不同。大学生一直是在母语环境中学习外语,英语和其他学科一样,被视作一门普通课程,因此,一些学生在外语听力和口语训练上投入的时间并未达到学习英语最低的时间标准,而培养阅读能力的语言环境相对简单。所以,在汉语环境中学习英语时,阅读能力的培养成为比较容易的方面。[1]

虽然网络等信息技术已经引入大学英语课堂,但学生如果还是只利用同样的时间学习语言,学校能够为学生提供的是只利于阅读的语言环境。只有英语专业的学生,他们投入在英语学习上的时间较多,才能有更多的时间面对计算机、网络进行较长时间的人与机器、人与网络间的交流,这种人工环境有利于提高他们的语言能力。一些学生并不能在英语学习上投入过多的时间和精力,即便可以接触到计算机和网络技术,也不能把过多的注意力放在提高听力、训练口语上,因为目前社会上对英语人才的需求大多还是集中在阅读能力上。

阅读能力是基础性的能力,决定对语言知识的掌握程度;对信息的获取程度,也决定学生的听力、口语、写作、翻译能力。在大学英语生态课堂教学中,要始终提高学生阅读能力的训练,因为大学生走上工作岗位后,阅读能力十分重要,而且大部分学校的教学模式更利于培养学生的外语阅读能力。

---

[1] 刘娜.真实环境促进英语阅读能力发展研究[M].杭州:浙江工商大学出版社,2023.

第四章 语言学与大学英语翻译教学

第一节 语言学与翻译

一、翻译理论与语言学的关联

当代的西方翻译理论新发展主要存在两大派别:文化学派和语言学派。这两种派别都将研究的重心转向了译文,更加重视研究译文形态和可接受性等文化因素。由于现代语言学理论的蓬勃发展,西方翻译研究获得了很大的原动力。翻译研究中都不同程度地运用了重要的语言学理论,包括结构主义语言学、比较语言学、转换生成语法以及文体学和系统语法等。由此不难看出,西方语言学派在翻译理论中正独领风骚、生机焕发。

我国的翻译理论发展则滞后于西方理论界,20世纪80年代以前,我国的研究界仍旧以文艺学派为主,80年代以后语言学派开始成为主流。在文艺学派和语言学派中间,还存在一派学者主张兼容并包的原则,希望建立介于二者之间的第三个学派,将文艺学派和语言学派结合起来更好地研究翻译理论。

翻译语言学理论是语言学发展的必然结果,它运用语言学中规范的术语和概念阐述翻译实践里的语言现象。总体来讲,翻译是没有规定的,译者往往需要发挥创造力,通权达变。尽管规定的译法只能作为某种参考,但如果译者能对两种语言进行对比,从语言学的角度获得更广泛、更深入的理解,那么译者也将能更加游刃有余地进行两种语言之间的翻译工作。此外,语言学理论为我国的译学研究开辟新的思路,尤其是尤金·

奈达的动态对等理论打破了我国传统译论中静态分析的翻译标准（信、达、雅）局面。

二、翻译的语言学理论

尽管已经有大量学者认为翻译研究和对比语言学关系密切，但是依旧有更多相关研究者与实践者认为，这两门研究或学科是相距遥远的。有些学者对翻译和语言对比存在这样的误解，即二者仅仅是理论和实践的关系，对比语言学涉及的只是语言学的理论问题，翻译研究涉及的却是语言应用的实际问题。这是一种恶性循环，而实际上这二者应当是错综复杂的互相影响的关系。

首先，从语言符号方向认识翻译的语言学问题。美国著名语言学家布拉格语言学派的代表人物罗曼·雅各布森在其著名作品《论翻译的语言学问题》的开始即论述了语言符号的问题。他反对英国哲学家罗素对语言的看法，认为要理解词的意义，不一定要有认知经验。雅各布森提出，人们对词义的理解不是取决于人们的生活经验和对世界的认识，而是根据人们对该词被赋予意义的理解。词只是语言的符号，由人赋予它意义。例如，我们都没见过龙，但"龙"这个词的意义我们都知道。所以，雅各布森认为"没有符号就没有意义"，不论是对语言学家或者一般语言使用者而言，语言符号的意义都是进一步将其翻译成其他可替代符号。至于语言之间的差异，雅各布森说："语言之间的本质差异，不是它们能表达什么，而是它们必须表达什么。"正是由于各种语言都有自己的强制范畴，使得语言表达方式的对等程度有所限制。一种语言的语法形式，决定其必须在语言中表达出来一些方面。

雅各布森在翻译对等的问题中也运用了语言符号学的观点。他认为"在不同语际中求得对等是语言的主要问题，也是语言学的主要问题"，即精确的翻译取决于信息的对等。通常在语内翻译中，一个语符单位代替另一个符号单位，同义词由于很难找到完全对等的词，也可以采取迂回的表示法。在语际翻译中，一般没有完全对等的符号代替，所以采用"信息代替信息"的方式实现翻译对等。也就是说,语符单位不可能完全对等,要知道整个话语的意义,需要通过符号和符号组合的对等实现翻译对等。

其次,语言的模糊性指的是语言的不精确性和非定界性。"词"表示概念,"句子"则表示判断。由词组成句子,词的模糊性直接导致句子的模糊性,即句子的判断常常难以精确定界。由于这种语言的模糊性,使得语际转换这一语言符号行为特征迥异于其他诸如自然科学公式等符号系统的行为特性。语言符号的转换具有变通、能动、非恒常的特点。另外,语言符号的多功能性也是翻译思想中必须体现到的一点。语言符号的核心和主体是概念,即语义信息。除此之外,语言符号还承载着文化、文体信息和情态信息。例如,"buck"语义信息为"庄家标志",它的文化信息是"美元",因其属于俚语,故而带有轻蔑的情态。

最后,从语义、语用学方面认识翻译的语言学问题。在表达上,语言的字、词就像原材料,人们的大脑仿佛加工厂,根据需要将原材料塑造成各种各样的"形状"。并且根据语用目的,决定译文的语言表达手段和文体风格。由于语言文化上的差异,因此不能完全对照着翻译,应根据语用目的做必要的调整。语言学中的语义学研究词语的意义,翻译过程的第一步便是反复掂量词、句的意义,语义学的大部分问题都与翻译理论有关。[①] 此类研究为我们从语义特征、词义类型、歧义分析等方面分析原文语句提供了行之有效的方法。语用学的运用是使翻译的译入语和原语具有一样的交际功能。对于文学翻译,文字的表面意义已经不是主要的难点,真正的难点在于字里行间的"言外之意",这就是语用含义。借助于语用学理论和方法进行交际意义上的综合分析,并在推导出原文含义的基础上,在译文中进行充分恰当的表达,做到使读者既理解语用含义,又享受到文化交流的美感。具体来看,运用语境信息能准确明白词句含义,准确掌握双语翻译意象的对等转换。

---

① 樊洁,崔琼,单云.语言学与英语翻译教学研究[M].长春:吉林人民出版社,2021.

三、语言学对未来翻译思想的影响

翻译学的核心部分就是翻译的语言学理论,翻译是一个含有众多因素、较为复杂的过程。这一过程体现在人脑对语言、文字内涵所携带信息进行加工处理。语言学对翻译过程做客观描述,与此相对,文艺学派主要是对翻译结果做主观评价。不过,语言学理论也不可能完全做到对翻译过程进行客观描述,只不过在语言形式上,运用语言学能够更好地进行观察和对比。在2000年发表的《与奈达的一次翻译笔谈》一文中,奈达表示"我的观点已发生根本变化",即从最初第一个提出翻译科学到完全放弃翻译科学。奈达认为很难运用一般原理解决具体问题,觉得翻译理论与实践之间有脱节现象,从而否定翻译理论的意义。但实际上没有"放之四海而皆准"的万灵丹,理论也不可能一出来就能很好地指导实践。因此,如何认识翻译理论和语言学之间的关系,对于今后翻译学的发展有着重要的影响。所幸的是,国内外众多翻译学学者对翻译学的结构框架已经提出自己的构想。例如,范守义将译学构想分为"基本理论""应用技巧"以及"多视角研究"三部分。上述学者都将理论和应用部分划分开,以理论作为整体结构的核心,具有高度抽象性,应用部分指导具体实践活动。一个成熟的学科就应当将理论和应用部分区分清楚、自成体系,并且能够为其他学科提供理论和方法。以前国内的翻译只是笼统地要求对原文理解要准确,要求表达忠实、行文流畅,而语言学则从语言的外部和内部规律和语言在社会生活中的使用过程认识翻译学,使得翻译过程更加具体化。翻译的过程不再是依靠个人的语感,或者所谓的"悟性"。语言转换的前提是理解,自然语言有三个向度,即概念意义、功能意义和文化意义,对它们的理解就需要运用到语义学、语用学、对比文化语的理论和方法。

语言学的使用能够使译文标准、明确化。以往在中国翻译界,同一译文或有人奉之为经典,或有人斥之为糟粕。通过运用语言学理论,翻译评价标准可以明确化、规范化。虽然翻译研究还不能视作一门纯粹的科学,但至少在验证词、句、译文的准确度上可以利用语义学,在验证原文语用含义及目的上可以利用语用学,在验证民族文化表达效果异同上可以利用对比文化学。现如今语言学派已在国内焕发出勃勃生机,将会在未来引领国内翻译理论的新发展。

第二节　语言学方向的大学英语翻译教学

一、英语翻译教学的实效性

(一)翻译评判上:翻译无定本

在翻译教学中很多学生期待有最佳译文的出现。这很大程度上与教师在翻译课堂上提供的"范文"有关。教师提供范文,其初衷虽然是为了帮助学生课后学习,但是在一定程度上也误导了学生。这让学生误以为总有一个标准的范文存在。因此,学生们对教师提供的范文产生了依赖心理,他们在翻译过程中努力模仿范文中的翻译方式,而对于自己的译文则信心不足。这在很大程度上抑制了学生创新能力的发展。从语言本身来说,标准的"范文"本身就存在一定的问题,范文的出现与语言学的本质是相背离的。语言的翻译不同于解一道数学题,它没有唯一的答案。译文不可能与原始文本具有相同效用,因为译者向别人表述的是自己所理解的,译者自我的理解取决于译者本身因素。翻译在本质上就是以译者为主体进行的两种语言之间的转换。翻译受到了翻译主体的经历、文化内涵、心理素质以及语言掌握程度等方面的影响,所以翻译无定本早已经是公认的。在实际的教学中,为了向学生传授这种意识我们可以对某一原文进行翻译,在翻译的作品中找出不同的译文,让学生对翻译效果进行评价。不同的译文各有所长。因此,学校应鼓励学生形成自己的翻译风格。这可以帮助学生们开阔眼界,破除"范文"的观念。

(二)翻译取义上:原文词典为蓝本

对翻译者来说,英语词典的恰当使用是一项重要的能力。词典一般分为对照词典和原文词典。在初学翻译的时候很多学生喜欢使用对照词典,这样可以明确地把一种语言翻译成另外一种语言。但是我们经常在翻译的时候发现翻遍所有的词典也没有相对应的词汇,这是因为从语言学来讲有些词汇在某些语言中根本没有相对应的词。所以说对照词典对于学生来说具有一定的蒙蔽性。我们可以在教学中让学生使用原文词典,原文词典最大的优势在于使用原文解释词义,避免了解释不到位的情况。原文词典的利用可以让译者在更大程度的理解中重塑文本。这也弱化了学生在寻找文本对照词中的纠结。

在实际教学中我们可以让学生在查字典的时候首先使用原文词典,搞清楚词的原有含义。在很多经典翻译作品中,译者可以根据语境或者创造语境义来把握游离不定的词汇含义。教师要让学生形成使用原文词典的习惯,不要盲目以词典为权威。

(三)翻译体例上:文本类型规范化

明确文本类型和确定翻译策略是翻译教学意识启蒙的主题之一。学术界一般将文本类型分为信息类、文献类、工具类。职业翻译家在对于不同文本的处理上翻译策略也是不同的。在王京平教授看来,文献类文本需要侧重源语文本,判断译文的好坏的标准在于和原始文本是否等值。工具类文本需要侧重译文受众的理解,判断译文好坏的标准在于功能上是否等效。两种不同的文本从翻译策略上来说,一个是侧重原文本身,而另一个是侧重受众,并且文本不同翻译的策略也是不同的。因此,在日常教学中要让学生相信意译也是对的。

(四)翻译技法上:翻译技能全面化

在翻译教学中,很多学生认为只要上课时对知识点掌握得好就能把翻译技能学到手,这样的想法是极其错误的。因为翻译教学的目标是培养翻译的技能型人才,所以学生的翻译技能需要与实践相联系。学生只有通过大量的翻译实践,才可以掌握好翻译这一技能。学生的翻译技能是运用知识的能力,学生对于翻译不仅要知而且要会。因此,翻译教学要练字当头,这在学术界已经达成共识。学生只有通过长期的翻译实践才可摸索出翻译的经验,将感性认识上升到理性认识。翻译技能和翻译技巧是有高低之分的,因此,学生要想有较高的翻译技能和技巧就要不断练习,要想达到具备翻译实践能力的水平至少需要十万到十五万字的翻译量。只有这样才能消除两种语言之间转换的障碍感。因此,翻译技能意识的培养应从第一节翻译课开始。

二、英语翻译教学的艺术性

为了确保大学英语翻译教学的效果,一定的辅助性策略必不可少,艺术性的英语翻译教学便是其中之一。对于具体教学策略的选择和设计,研究者们依据不同课程,从不同视角出发,观点各异。章木林主张以"2X+1+1双主式"模式进行大学英语视听说教学,张明则重视"英文电影欣赏在大学英语教学中的重要作用",而陈坚林则探究"大学英语教学新模式下计算机网络与外语课程的有机整合"。对于大学英语翻译教学而言,重点结合具体教学对象的层次和学习积极性等诸多因素,最终设计部分辅助实施其艺术性的翻译教学。

首先,建立专门的视频网站和视频库,以便能提升学生的学习兴趣,扩展他们的课外知识,扩充其知识面和视野范围。在翻译训练上,将相关翻译题设置成游戏模式,旨在丰富具体教学过程。游戏模式为单词、短语、单句、段落逐层递进的模式,相当于闯关游戏。每位游戏者必须先通过单词关,才能进入下一关短语关,如此类推。

其次,在对大学英语翻译教学方法艺术性改革之后,教学效果的检验上系列竞赛将被设计。这些竞赛具体包括单词竞赛、短语式竞赛、短文式竞赛等。它们不但能促使教学手段的变化,而且还将提升学生的学习积极性。

最后,借助网络媒体等现代化技术手段,以加强对学生课后学习的监管和引导。例如,建立专门的网络交流群,由教师发布相应翻译素材,小组组员在线实时讨论。这种教学策略不仅可以突破传统教学在课堂上进行的固定模式,打破空间限制,而且在时间上也相对灵活,从而打破时域限制。

总而言之,在大学英语翻译教学的艺术性上,课堂设计应遵循"X+1+Y"模式,即"课本训练＋网络训练＋课后训练"模式。在总方针上,大学英语翻译教学应该遵循知识"输入—输出—训练—巩固"的一般性规律和基本发展过程。无论是怎样的教学设计,何种教学手段及教学设备,教师在大学英语翻译教学艺术性策略的设计和选择上要充分考虑学生的主体性地位。在具体的实施过程中,艺术性大学英语翻译教学策略应以促进学生学习积极性为目的,以提升教学效果为主旨。

第三节　大学英语翻译教学的注意事项

一、技巧知识传授与理论知识讲解相结合

大学英语的翻译教学大都以教授翻译技巧和翻译知识为主要内容。但是,如果教师能把翻译理论融会贯通在技巧和知识的传授中,则会有助于学生在翻译实践中学会独立解决问题,并通过理论分析克服实践中遇到的困难,认识翻译活动的基本规律,尽快提高自己的翻译实践能力。就非英语专业课程而言,大学英语精读课中的单句或段落翻译练习是基础阶段综合训练的一个非常重要的组成部分。大学生有一定的英语基础,又有较高的汉语修养,如果教师能在授课中增加一定的翻译理论指导,对学生稍做点拨,便会收到事半功倍的效果。

二、翻译能力与其他能力的提高相结合

翻译教学是包括理解与表达的教学,涉及英语的理解能力和汉语的表达能力。对学生翻译能力的培养,不应只依赖单方面的翻译理论及相关知识的传授和技巧的训练。听、说、读、写、译五种语言基本技能不是孤立的,而是相辅相成的。所以在语言教学中,培养翻译能力还要从诸多方面入手,通过加强词汇和语法教学,夯实学生语言学习基础;通过精听、泛听、精读、泛读训练增加学生的语言输入,为语言输出做好质量上的前提

准备；通过加强中西方文化的对比分析，培养学生语言学习和运用的文化意识，提高文化素养。

三、阅读的"面"式教学与翻译的"点"式教学相结合

翻译教学与阅读教学有着紧密联系。阅读和翻译对理解的要求不尽一致，对阅读的要求是理解准确率不低于70%，而对翻译准确率的要求则是100%。[①] 因此翻译教学是以阅读教学为基础，翻译教学经常融于阅读教学中。在阅读教学中进行点式翻译教学，对于阅读教学的深化大有裨益。阅读教学中一部分学生不求甚解，对难句、关键句或难度较大的段落含义不甚清楚，因而要通过翻译表达的反作用，加深学生对原文的理解，进而完全吸收消化。翻译教学有机地融于阅读教学过程中，作为阅读教学过程的一个环节，也将传统的语法翻译教学法与现代的交际教学法有机结合起来，使之相得益彰又各取所需。

四、英语理解的准确性与汉语表达的审美性相结合

尽管大学英语翻译的教学和测试标准主要是考查学生的准确理解力，但表达的问题也不可忽略。表达水平直接反映对原文理解的程度和翻译的质量。理解的程度只有凭借表达，才能得以显现。虽然大学英语教学对翻译教学在语言形式上要求并不很高，但翻译作为一种语言活动必然涉及审美问题。在翻译过程中，审美意识是一种积极主动的心理活动。对翻译语言作美学上的评价和欣赏，必须把语言所表达的思想感情内容与语言形式统一起来，把语言表达与交际语境统一起来，才能对文本语言做出恰当的审美判断并获得美感。语言审美包括语音、文法、修辞等方面。在翻译教学实践中，学生自身因忙于做抽象的词义及语法分析而忽视语言审美，教师需要在讲授翻译知识和技巧时，注意唤醒学生的审美意识，引导学生在理智分析语义的同时，联系具体语境中的语言形式、交

---

① 沈剑文,刘思齐,靳慧敏.现代英语翻译理论与教学研究[M].长春:吉林文史出版社,2023.

际场合、交际目的等诸多因素,进行具体或整体的感性理解。要说明的是,大学英语翻译教学毕竟不同于其他类型的翻译教学,审美意识的渗透和培养要适时适量,不可喧宾夺主。翻译教学作为大学英语教学的一个重要组成部分,应当予以充分重视。

第五章　大学英语翻译技能分析

第一节　英语词汇翻译

一、英语翻译中词语的选择和确定

所谓的"词语",是指可以自由运用的最小的语言单位,如词或短语,也是语篇翻译中的基本单位。对词语的理解不深,或一知半解,或由于粗心大意,不可避免地会导致误译或漏译,从而影响整个句子、段落和整篇文章的理解。

在翻译过程中,无论英译汉还是汉译英,最先会遇到的也正是对词语的理解和翻译。由于英汉两种语言在词汇上的巨大差异,对原文意义的辨析和译入语用词的表达已成为英汉翻译的基本问题,也是英汉互译质量的关键环节。

词义的理解是否恰当,除了英语和汉语的本身修养外,还涉及相关的专业知识和文化背景知识。对于初学翻译的人来说,不应该望文生义、不求甚解,尤其是当遇到一些常用的多义词时,除了日常阅读时多注意外,还应该勤查字典和相关工具书。

在将英语翻译成汉语时,词语的选择和确定通常从以下几个方面入手。

(一)依据词的语法分析来理解

对初学翻译的人来说,准确理解往往离不开语法分析。语法分析主要从构词法、词性和指涉关系三个方面来理解。

1. 构词法

词的形态和结构体现了词的含义。因此,分析词的构词法有助于理解词的意义,获得该词的基本含义,从而为译入语的选词提供必要的参考。

此外,名词的单数复数不同,其词义上可能完全不同。

例如:force——力量,forces——军队

green——绿色,greens——青菜/蔬菜

finding——发现/探索,findings——研究成果/调查结果

work——工作,works——工厂/著作

damage——损失/损害,damages——赔偿金

air——空气,airs——装腔作势/做作

2. 词性

在英语中,一个词可以分属几种不同的词性。词性不同,词义也有所不同。正确判断词性在理解词语方面起着决定性的作用。例如,Workers can fish. 这句话中的"can""fish"分别被看成助动词和动词时,此句被翻译为"工人可以抓到鱼";当它们分别被视为谓语动词和名词时,此句就变成了"工人把鱼制成罐头食品"。

3. 指涉关系

所谓指涉关系,是指词在上下文中的照应关系,包括人称照应、指示照应和比较照应等。人称照应包括人称代词、指示代词和不定代词等多种类型以及一些限定词。指示照应包括名词性指示词(如 this、that、these、those)、副词性指示词(如 here、there、now、then)。比较照应指形容词和副词的比较级。

(二)依据上下文和逻辑关系来确定

一般来说,一个孤立的英语单词的含义是不明确的。在句子中,词义是从语言的语义关系及其与其他词的指涉关系获得的。当它处在特定的关系中时,它的词义将受到相邻词的限制。这里的上下文包括词的搭配、一般意义和专业意义、文化背景知识、上下文提示等。因此,基于上下文

和逻辑关系判断词义是词汇识别中非常重要的一种方法。

(三)依据固定搭配选择合适的词语

词的搭配指词与词之间的横向组合关系。英语和汉语这两种语言在长期使用中形成了一些固定的短语或常见的搭配,这些搭配有时可以翻译成另一种语言,有时则不行。造成英汉词语搭配差异的因素有三个,即不同语言中词语使用的范围大小不同;词语在各自语言中的意义是不同的;词语在各自语言中的搭配不同。因此,在翻译时,应注意两种语言词的搭配差异,选择合适的词语来表达。

(四)注意词的语用色彩

注意词的语用色彩即注意词义的运用范围、轻重缓急、褒贬色彩、语体色彩等。每种语言都有语体之分,有优雅、粗俗之别,还有俚语、官方语言和术语的不同。因此,要忠实于原文的内容,应正确理解原文作者的基本政治立场和观点,并用恰当的语言手段来表达原文。

1.词义的运用范围及侧重点

翻译时应准确理解词的意义,如 country 表示国家的地埋范畴,nation 体现在共同的地域和政府下的全民概括,land 给人以国土或家园之感,state 指国家的政治实体,power 表示国家的实力。又如 look、glance、peep、gaze、stare 和 eye 都表示"看",但各词的使用范围有所不同。look 是词义范围比较广泛而且比较通俗常用的词,泛指"看"这个动作;glance 是"一瞥"(a short, quick look);peep 表示"偷看,窥视"(a secret glance);gaze 表示"凝视,注视"(a long, steady look, often caused by surprise or admiration);stare 表示"盯着看,目不转睛地看"(a very surprised look or a very ill-mannered gaze);eye 表示"注视,察看"(watch carefully)。

2.词义的轻重缓急

由于词义表达程度的不同,翻译时还要注意区分其中的细微差别。英语中表示"笑"的词语有很多,如 laugh 是指"大笑",chuckle 是指"轻声地笑",smile 是指"微笑",guffaw 是指"放声大笑,狂笑",giggle 是指"傻笑",jeer 是指"嘲笑",smirk 是指"得意地笑",grin 是指"露齿一笑"。表示"哭"的词语也有很多,如 weep 是指"哭泣",teary 是指"含泪的",sob 是指"呜咽",yammer 是指"哭诉",howling 是指"哭哭啼啼的",cry 是指"大哭"。

3. 词义的褒贬和语体色彩

词义的感情色彩取决于该词在交际情景中的运用情况。它反映了作者使用一个词所赋予它的不同意。例如,"ambition"一词的词义既可作褒义,又可作贬义,完全取决于它在句子中所隐含的潜在态度。请在下面的句子中分析这个词褒义和贬义的不同。

在同义词中,一组同义词可以适用不同的文体,有的适用一般文体,有的适用正式文体,有的适用非正式文体。因此,在翻译中,应注意词语的文体特征。

二、英语词汇的翻译技巧

(一)词语的转换技巧

1. 名词与动词之间的相互转换

英语中会使用较多的名词,汉语中会使用较多的动词。因此,名词和动词的相互转换是英汉翻译中常见的现象。在英语中,大量由动词和名词派生的具有动作意义的名词在英汉翻译中常被转换成动词。当汉语被翻译成英语时,却常常把汉语动词转换成英语名词。

2. 英语动词转换为汉语名词

英语中有一些动词,特别是名词派生动词,如特征、动作、行为等,在汉语中很难找到对应的动词。因此,翻译时常常把这些动词转换成汉语的名词。在汉英翻译中,汉语名词向英语动词的转换也很普遍。

3. 英语形容词与汉语动词之间的相互转换

英语中有一些形容词用来表达感知、情感、欲望和思维等心理状态,如 afraid、anxious、careful、glad、delighted、cautious、grateful、envious、embarrassed、confident、certain、angry、jealous、aware、sorry、ignorant 等,这类形容词在英译汉时常常转换为动词。

此外，还有一些形容词短语在句子中被用作谓语或定语时，通常被翻译成汉语动词。

这类形容词短语有 absent from（缺少）、adaptable to（适合于）、beneficial to（有益于）、harmful to（有害于）、inferior to（不及，次于）、superior to（超越、胜过）、fraught with（充满）、free from（免于）、adjacent to（靠近）、analogous to（类似于）、sensitive to（对……敏感）、empty of（缺少）、contrary to（与……相反）等。

相反，在汉译英中，汉语中的动词（如感知、情感和欲望）通常可转换为"be＋形容词"或"be＋形容词＋介词短语"的结构。此外，汉语中某些动词，根据上下文，也可以转换为英语的形容词或形容词短语。

4. 英语副词与汉语动词的转换

英语副词可以转换为汉语动词。

例1：Spring is in.

译文：春天来了。

例2：The librarian told me that the book was out.

译文：图书管理员告诉我，那本书借出去了。

汉语中有些动词也可译成英语中的副词，做表语或宾语补足语。

例3：让我过去。

译文：Let me through.

5. 英语介词或介词短语与汉语动词的转换

英语中介词的运用是非常多的。有些介词和介词短语含有动作意义，常常转化为汉语的动词，这样才能符合汉语的表达习惯。同理，汉语中的动词也可以转译为英语中的介词或介词短语。

6. 名词与形容词的转换

英语中的一些名词，特别是从形容词派生的名词，做表语或宾语时，把它们翻译成形容词，更符合汉语的表达习惯。

在英语中，一些表示事物特征的形容词在用作谓语时也可以转换成汉语名词。有些形容词加上定冠词后表示一类人，这样的形容词也可以转换成汉语名词。

汉语中的形容词可译作英语的"be+名词"结构,定语形容词可译作"名词+of"结构。汉语中的名词也可转换为英语的形容词。

7. 形容词与副词的转换

在英汉翻译中,形容词和副词之间能够互相转换。因为英语的名词和动词可以转换成汉语的动词和名词,修饰名词的形容词和修饰动词的副词也可以随之转换为汉语的副词和形容词。

8. 其他词类的转换

除上述词类转换外,副词还可以转换为名词,用于英汉翻译和汉英翻译。在英语学习中,词性概念在翻译时被译者放在一边,不予理睬的做法是明智的。否则,英语或汉语的翻译将缺乏可读性。但同时应该注意的是,词语的翻译缘于两种语言不同的表达习惯,并没有固定的规律。不同的词语在不同的语境中可能有不同的翻译方式,这就要求译者在连续的翻译练习中理解和掌握它们。[①]

(二)变换用词技巧

重复是汉语的一大特点,同一个词或短语可以反复出现在文本中,以便准确或有力。这与汉语是意合语言有关。汉语中几个相关句子的组织不是通过连词连接起来的,而是主要由句子的内在意义联系起来的。这样,在没有连词的帮助下,依靠简单的单词重复来增加句子的凝聚力是很自然的。因为就听者或读者来说,词语的重复要比使用代词、同义词等更能使句子浅显易懂。而英语是一种形合性语言,它有连词和其他语言形式,以确保句子意义的连贯,这样,它就可以毫无顾忌地追求词语的变化。用不同的词语表达相同的意思,以达到活跃文风的效果。

汉语词汇的重复还与其语音文字特点密切相关。从审美的角度看,为了使朗读顺口悦耳,文章往往追求音节的整齐、统一、匀称,从而出现了词语的重复。而英语的美学规则是不同的。英语中的重复词要么去掉,

---

① 黎庆园. 英语翻译教学的理论与应用[M]. 长春:吉林出版集团股份有限公司,2023.

要么有所变化。鉴于汉英两种语言在这方面的差异,译者应采取相应的措施。被重复的汉语词语通常包括动词、名词、形容词等。

(三)注意动态与静态的区别

中国人在翻译汉语动态动词时,既可以保留英语动态动词,也可以将它转化为静态的表达法。当然,并不是说所有的动态动词都必须转化为静态表达法,但翻译工作者应注意到存在这种转化的可能性,同时注意到动态与静态之间的微妙区别。①

(四)词语的变通手段

新词语在不断出现,构词手段也在逐渐发展。在一般情况下,如果仅依靠单一的还得讲究一个多样性的原则,因此除前面所讲的主要的词的翻译方法之外,在翻译活动中还经常采取一些必要的切实可行的变通手段,如替代法、释义法和缀合法等。

1. 替代法

替代法就是指使用同义词、近义词或以另一角度的措辞来代替原文的词义,法译词要注意的是,译者必须对原文词语的词义有准确而透彻的理解,在译文语言里精心选择替代词(substitute)。替代法有以下几种形式。

(1)代词性替代

代词性替代法主要用在汉译英翻译中,这是因为汉语中词语的重复现象远远超过英语,有时还作为一种修辞手段,以加强语气。因此,在汉译英时,往往使用代词或关系代词来替代同一意义的词语。

(2)同义词替代

汉语中成语的使用很普遍,这是因为汉语中成语相当丰富,成语使用得当可以使行文大为增色,通顺流畅,雅俗交融,生动活泼,形象鲜明,从而获得更好的修辞效果。英语中很多词语都可以在汉语中找到意思相同

---

① 沈剑文,刘思齐,靳慧敏.现代英语翻译理论与教学研究[M].长春:吉林文史出版社,2023.

或相近的词、成语或习语替代词。

(3)正反替代法

使用替代法可以将正说词从反面说,或将反说词从正面说、即正说反译或反说正译。这种替代法无论在英译汉中还是汉译英中都很普遍。

2. 释义法

释义法主要适用于在译语中找不到原语的对应词而又无法将原词加以引申、替代或直译移植时。以释义法析出的词义是对原词义的阐释。释义法无论在英汉翻译中还是汉英翻译中都是一种不可缺少的翻译手段。使用释义法不仅可以解决翻译中无对应词的矛盾,还可以对某些含有文化背景或特殊含义的词或词语加以解释,以利于读者准确理解该词及全句的含义。

3. 缀合法

缀合法包括两层手段,即连缀和融合。缀合法是综合英汉词义差异的有效手段。连缀指将两个比较贴近或不完全一致的汉语对应词糅合成一个词以求扩大词义范围。

融合指完全摆脱汉语词义的束缚,把原文中的词义灵活、不易翻译的词义融合成一种表达或融合到整个汉语句子中,只求神似,不求形似。

4. 形译法与音译法

形译法主要指根据词的实际形状来翻译科技术语。这些专门术语的前部分表示该术语的形象或外表特征的字母或单词,翻译时要将这一部分译成能表示具体形象的词语或保留原有字母。例如:T－beam(丁字梁)、O－ring(O形环圈)、X－brace(交叉支撑)、V－belt(V形皮带)、U－steel(槽钢)、T－type highway(T形公路)、Z－iron(Z字铁)、U－shaped spring(U形弹簧)。

音译法是按原词的发音译成相对应的单词。根据单词的发音进行翻译是一种有限的翻译方式,其中一些地点的名称、人的名字、公司名、计量单位、首字母缩略词以及一些新术语等都适合用这种方式进行翻译。

(五)词的增译与省译

英语和汉语因为具有不同的语法、修辞方法和词汇结构,所以在表达相同内容的时候也会大相径庭。为了使译文符合译语的表达习惯,在翻译时,可以适当地增加或者去掉句子中的一些词,这就是增补和省译。在句子中加上一些词语,有的时候是为了使文章的前后部分过渡得当,有的时候是为了增强语气,有的时候是担心翻译的句子表达的意义不明确。在句子中去掉一部分词语,大多数情况下是想要在翻译的过程中更好地做到尊重原文,翻译得明白晓畅,流利自然。在实际翻译的过程中,我们可以同时将两种方法相结合,以更好地进行翻译工作。

1. 增译

在英语和汉语相互翻译时,根据表达的含义、句子结构、内在逻辑和语法结构等方面的区别,往往可以增补上某些助词、语气词、数量词和连词等。

(1)结构增补

在翻译的过程中,根据语言之间不同的语法现象和句子结构,往往可以补上某个结构助词,更好地表达文章的意思。增加的结构助词可以有多种形式,即虚词、实词、表达语气的词或者反映逻辑的词。

在英语语言里,常常会有一些带有动作性质的名词或者带有抽象意义的名词,在独立运用的时候,含义不够明确具体。因而翻译时可以在文章的词中补上一些使词语名词化的概括性词语,以保证文章的规范性。

由于汉语句子中,无主句或省略主语的句子十分普遍,汉译英时,因英语语句结构的需要,必须根据上下文添加主语。汉语句式呈现"形合"。因而,汉语句子可以包含多个分句,分句之间常常不用连接时,但在意义上却是相关联的;英语分句之间必须有衔接标志。因此,翻译时,必须根据上下文添加适当的连接词。

(2)信息增补

在翻译的过程中,可以适当补充一些作品中内在的隐含的内容,让文章表意更加准确具体,从而更好地让读者理解作品想要传达的主旨。除了这些情况外,英语和汉语中都会有大量的包含一定的文化内涵和历史内涵的典故、习语,这些特定的文化语言对本国人来说,十分容易理解。但是因为读者是具有不同文化和社会背景的人,读这些习语时可能就会产生迷茫,在没有注解的情况下可能不能正确理解这些语言的意思。因而,在遇到这样的情况时,我们可以用增补法,在文章中补上一些词语,便于读者理解。

2. 省译

因为英语和汉语在许多方面存在区别,如句子结构、语法等方面,某些成分在原来的句子或者文章中又是必须存在的,但在翻译的过程中,如果一一落实,翻译后的句子就会不太符合语法要求。尊重原来的作品不意味着要字字落实,我们应该在遵守语法规则的前提下,将原来句子的意思流畅、自然地展现,保持译文与原来的作品具有一样的主题内涵,在这个过程中可以适当地删去一些成分。

省译不能够想要去掉哪些成分就去掉哪些,删掉的应该是一些重复出现的表述,达到更加符合译语的语用习惯的目的。

结构性省译和逻辑修辞性省译是省译的两种类型。英语和汉语两种语言具有不同的组织结构,因而产生了结构性省译。将英语翻译成汉语时可以删掉一些助词,如连词、动词、介词和代词等,也可以删掉一些反复出现的词汇。

(1)结构性省译

第一,冠词的省译。英语与汉语相比,仅仅在英语中存在冠词。所以,在将英语翻译成汉语的过程中,如果出现了表示不定冠词"一"或者"每一个"的含义时,往往可以把此类冠词忽略不计。定冠词也常被用来表示特定的事情,也可以被忽略不计。

第二,代词的省译。如果英语句子的主语是人称代词或者是指代人称代词的词语,往往也可以删掉。在人称代词方面,英语与汉语不同的是,英语中存在反身代词和物主代词,因而在将英语翻译成汉语的时候,可以根据汉语中词语运用的特点,将这类代词删掉,有时某些关系代词也可以被删掉。

第三,介词的省译。英语中介词的运用与汉语中的比较而言,汉语中运用介词的次数比较少,而英语中往往一直运用介词。因而,翻译英语的时候,可以把介词去掉。

第四,连接词的省译。英语中常常使用形合法,尤其是在词与词之间、短语和短语之间,特别是造句时更要用到多种多样的形式去把这些成分联系起来。在连接这些成分时,最需要注意的是保持句子与句子连接自然贴切。在英语里可以用,用来连接的有关系代词、关系副词、并列连接词(如 or,and,but 等)和从属连接词。但是,汉语不一样,一般较多地使用意合法连接句子成分,十分强调逻辑顺序,着重关注作用和效果。所以,汉语中可以不用连接词。英语翻译成汉语时,连接词往往可以删掉。

第五,动词的省译。在每一个英语句子里,必须包含谓语动词。相反,在汉语中,可以不存在动词,可以用一些其他词性的词作为谓语,如名词(名词性短语)、形容词(形容词性短语)。因而,在翻译的过程中,我们往往可以把句子中的动词删掉。

第六,其他词的省译。在汉译英中,常常省略一些重复的词语或语句。表示范围的汉语词汇几乎无实际意思,仅表达相同的意思,翻译时一般省略。此外,汉语为了获得某种效果,常常使用重复的词语或语句。翻译这些词语时,也常常省略。

(2)逻辑修辞性省译

就逻辑修辞性省译而言,比较关注逻辑或者修辞方面,常去掉一些不太重要的词汇,从而使文章的语句更加通顺,意思表达更加清楚明了,让人更容易理解。

汉语中遣词用字往往具有两个特点。第一,习惯使用叠字,一方面能够和谐音律,表达丰富的思想内容,收到较好的艺术效果,另一方面让词语有新的含义,如"事事""字字""阵阵""想想""条条"等。第二,为了获得强调效果。

汉语比较讲究句式对仗工整,即使用相似、相对或不同的词语来重复同一意义,这类现象尤其常见于四字格和谚语中。而英语是一种忌重复的语言。因此,在汉译英时,常常采用省略法,以避免句法上的重复和混乱。

翻译时必须尽力保留原文的内容。但有时,在保留原文内容时,不得不改变原文的语言形式,对一些累赘的语言进行省略,以符合译文的表达规范。

第二节　英语句子翻译

一、特殊结构句的翻译

(一)汉语无主句与无宾句的翻译处理

汉语是意合性的语言。如果能够使上下文的语意较好地衔接上,可以在中间去掉一些成分,不需要在意语法结构或者逻辑关系。汉语在很多情况下不存在主语或者宾语。因此,在将英语翻译成汉语时,可以将省掉的主语或者其他成分补充上,遵守语法规则。

如果需要被翻译的句子是没有主语或宾语的,一般可以采取以下几种手段。

1. 在口语体翻译中最为适用的是补充上一个人称代词。
2. 添加上某个语义相对十分宽泛的名词性短语作为主语。
3. 在正式文体中,可以换成英语中的被动语态,一般常用在科技论文中。
4. 可以将汉语句子里某些不是主语的成分变为英语中的主语。
5. 补上省略的主语。

汉语动词往往没有宾语,隐含的宾语需要读者自己通过推理得出。例如,某人说:"我有如下一个建议……";另一人说:"我接受。""接受"的隐含宾语就是"建议"。英语中及物动词较多,不宜说"I accept."而应说"I accept it."必须把宾语显示出来。

(二)省略句的翻译

语言的使用以简洁为贵。所以,人们在说话、写作和翻译时,有时出于句法和修辞的需要,常常省去某些不必要的成分,但意思仍然完整,这种缺少一种或一种以上成分的句子称为省略句。英语和汉语中都存在省略句。有多种形式的省略,如省去句子的主语、谓语和宾语,或者其中的一种成分或多个成分。对省略句的翻译,不管是英译汉,还是汉译英,关键都在于对省略成分的准确理解,然后翻译时,根据译文语言的表达习惯,增加或省略被省略的成分。如果看不清楚被省略的部分,就会产生误解,导致错误的翻译。下面探讨翻译省略句的常用方法。

1. 原文中省略的部分,译文中补出

省略是英语的一种习惯用法。英语中的某个或某些成分有时可以不存在于句子中,也可以是在文章中已经被提到过,那么为了防止再出现,可以在后文中不再使用。英语里的一些成分,如谓语动词、状语和主语,都可以在句中省略,但翻译时,准确理解被省略的成分,可将其在译文中补出。

2. 原文中省略的部分,译文继续省略

英语中被省略的部分,有时根据译文需要,也可以在译文中省略。例如,有些从句中省略了和主句中相同的部分,此时可根据需要,省略原文中省略的部分,尤其是由 than 引导的比较从句,从句中被省略的部分,常常不译。在汉译英的过程中,有时根据英语的行文表达习惯,也可以省略一些成分。

(三)倒装句的翻译

一般说来,英语陈述句的正常词序为:主语+谓语动词+宾语(或表语+状语)。但英语的词序比较灵活,有时为了强调句中某一成分,或从修辞角度考虑,可将句中的有关成分提前,构成倒装。英语的倒装可分为结构性倒装和修辞性倒装两大类。倒装句的翻译关键在于对倒装句的理解,而理解的关键就在于对句子做出正确的语法分析,找出句子的主干,确定什么成分被倒装。一般来讲,翻译结构性倒装时,汉语可采用正常语

序,而翻译修辞性倒装时,可根据译文的需要,保留原文语序,即仍然在汉语中使用倒装语序或采用正常语序。

1. 结构性倒装

这种翻译主要是因为语法结构的要求而产生的倒装,是应运而生的。其主要包括疑问倒装,there be 结构倒装,虚拟倒装,以 there、here、then、thus、now、so、nor 和 neither 等副词位于句首引起的倒装。结构性倒装的翻译一般采取正常语序。

2. 修辞性倒装句

修辞性倒装句的目的是加强语气,或是避免头重脚轻。它包括句首为表示地点的介词或介词短语、否定倒装、让步倒装、only 位于句首引起的倒装、为了叙述方便或使情景描写更加生动形象而引起的倒装等。这类倒装根据需要,可采用正常语序或倒装语序。

(四)分词短语与分词独立结构的翻译

分词短语可分为现在分词短语和过去分词短语。一般说来,分词短语的翻译并不难,可根据它们在句中所充当的成分而译成汉语中相应的成分,这里主要探讨分词短语作为状语时的翻译。分词短语作为状语可表时间、原因、方式、结果,条件和伴随状况等逻辑关系。翻译的关键就在于要准确理解分词短语与句子谓语动词之间的逻辑关系,然后在译文中补充表示相应逻辑关系的词语。

当状语是某种形式的分词短语,而且有逻辑上的主语时,这样的结构模式被叫作独立主格结构。此结构一般表明原因、时间、可能发生的状况等逻辑关系。分词独立结构的翻译关键在于弄清楚独立结构表示什么关系,然后在译文中补充表示相应逻辑关系的词语。

(五)并列结构句的翻译

在我国的语言中,所有的动词都没有形态的改变,因而从外在看起来大多呈现并列结构。英语中的动词有多种多样的形态变化。在这些基础上,将汉语词汇翻译成英语的时候会出现一些词性的变化。比如,可以将汉语里边的动词换成英语中的名词、形容词等。所以,翻译的时候往往把并列关系转为不并列的结构,抛掉了原来的均衡效果。在某些情况下,翻译的人会选择性地维持结构的均衡性和词汇形态的统一性。当词汇的形态不一样的时候,变换英语单词的词性,也可以适当增加一些意思不太突出的单词,保持形态相同。当然,有时汉语句型结构也会比较随意,翻译时如果发现汉语语义上并列,但结构上未处于并列关系的情况,翻译的人最好换一下词语的顺序,让它们一一对应,使翻译的作品更加吸引人。

(六)被动句的翻译

语态是通过动词展现出主语和谓语之间关系的一种形态,包含主动语态和被动语态。这只是从两个不同的观察点来认识句子结构,表达的结果与意思是一样的。但是,在意义方面有一些明显差别:主动语态,主语是行为动作的发出者,关注的是行为与动作;被动语态,主语是施事对象,关注的是行为结束后的状态。

语言本身的特征是决定主动与被动的关键原因,同时受到某个民族的思维方式和语言环境的影响。中华民族的传统观念中十分强调物我合一,关注思维上的整体观。从"物"与"人"的关系角度来看,大致意思为,在世间万物中,人是发挥主导作用的,充分展示了人民思想的主体思维方式。在这种思维方式的影响下,许多人形成了思维定式,在心理上觉得只有依靠"人"这个主体,才能使行为动作得以完成。因而,在很多词语被运用的时候,无论是表达主动的角度还是表达被动的角度,一般都用主动句来表示。

1. 英语被动句的翻译

(1)译为汉语带形式标志的被动句。英语的被动句如果表示的是不幸或不愉快的事,而且句中带有施事者,可以将其译为汉语的被动句,并用"被""给""让""叫""由""为……所"等词引出动作的执行者。英语的被动句也有表示不幸或不愉快的事情,但句中有动词不定式、名词、形容词等表示主语的补足语,也可译为汉语的被动句。

(2)借助汉语的词汇手段来表示英语的被动句。

(3)译为汉语的意义被动句。英语和汉语中都存在意义上的被动句,但是它们形式上可能是主动句的形式,如果我们从逻辑意义上进行深入剖析,就可以发现它们是被动句。只是在英语中,这类意义上的被动句较汉语而言比较少,所以英语中很多被动句可以翻译成汉语中意义上的被动句。

(4)状语译为主语,原主语译为宾语的被动句。如果被动句是由介词 by 引起的状语,那么这时可以把状语当作汉语的主语,同时把原来的主语当作宾语。

(5)译为汉语的泛指人称句。通过增加泛指主语如"人家""大家""别人""有人""人们"等,将英语被动句,尤其是"It is + V. ed that"句型译为泛指人称句。

(6)译为汉语的无主句。

(7)译为汉语的"把字句"。

(8)译为汉语的"进行句"。

(9)常见被动式句型的译法。英语中有不少常用的被动结构,一般已有习惯的译法。

2.汉语句子向英语被动句的转换

(1)将一些表示情感变化的主动句译为英语的被动句

汉语中表达由客观环境造成的处境、感受和情感上的变化,句子常用主动。而英语在表达这类情绪时,常用被动。

(2)将一些汉语中的话题评说句译为英语的被动句

汉语中有一些话题评说句,其话题在语义上是受事,这类句子可以译为英语被动句。汉语中还有一些存现句,也可以译为英语的被动句。

(3)将汉语中的一些意义被动句译为英语的被动句。

(4)将汉语中的无主句和泛指人称句译为英语的被动句

无主句是汉语中经常使用的句型。这类句子通常省略主语或隐含主语,处理这类句子最常用的方法就是将其译为被动句。泛指人称句指句中的主语是"大家""人家""有人""他们"等的句子,这类句子主语所指不确定,其重要性不及宾语。因此,常将这类句子也译为被动句。

(5)将汉语中一些被动句直接译为英语的被动句

这类句子主要有两种,一种是带被动标志,如"被""为""叫""给""由""为……所"等的被动句;另一种是借助词汇手段,如"受(到)""遭(受)""蒙""挨""得到""加以""给以""予以"等来构成的被动句。

(6)将汉语中的"把"字句和"使"字句译为英语的被动句

汉语中有一些"把"字句和"使"字句,根据表达的需要,可以译为英语的被动句。

二、英语从句的翻译

(一)定语从句的翻译

1. 限制性定语从句

限制性定语从句对所修饰的先行词起限制作用,和先行词有十分紧密的联系,不用逗号隔开,可以用以下几种方法进行翻译。

(1)前置法

把英语中限制性定语从句翻译成"的"字结构,位置放在被修饰词的前面,可以将复合句变成汉语语言中的简单句,这种方法被称为前置法。往往被用在句子结构比较简单的从句里。

(2)后置法

假如一个定语从句的成分比较复杂,翻译成汉语放在前面十分冗长不太符合汉语的语用规则,这时我们可以采取后置法进行翻译。

首先,可以译成并列分句,省略英语先行词。

其次,可以翻译成并列分句,多次作用先行词。

(3)融合法

将原句中的主句和定语从句混合在一起进行翻译,使之形成一个独立句子的方法称为融合法。

2. 非限制性定语从句

在英语中这一成分对先行词不起限定作用,只是对先行词的简单描述、阐释，翻译时有以下几种方法。

第一，前置法。一些较短的且具有描写性的非限制性定语从句，可以译成"的"字前置定语，放在被修饰词的前面。

第二，后置法。后置法的处理主要有两种情况：译成并列分句和译成独立分句。

3. 兼有状语功能的定语从句

在英语语言里，有些从句既具有定语从句的作用，又具有状语从句的作用，从含义的角度来看，是主句的状语成分，表示时间、原因、目的、假设等关系。翻译的过程中最好能够找到这些逻辑关系，再翻译成汉语中相互对应的各种结构。

(1)译成原因偏正句。

(2)译成时间偏正句。

(3)译成目的偏正句。

(4)译成结果偏正句。

(5)译成让步偏正句。

(6)译成条件、假设偏正句。

(二)名词性从句的翻译

1. 在翻译主语从句的时候

由 what/whatever 等代词引导的从句要求按照原来作品的顺序进行翻译。其中，以 what 引导的从句可译为汉语的"的"字结构或译成"的"字结构后适当增词。

以 it 作为形式主语的从句，可以具体情况具体分析。将主语从句放到前面进行翻译或者不放到前面，这两种方法都可以。

2. 在翻译宾语从句的时候

有以下情况的从句，不必提前到修饰成分的前面，只要按照顺序翻译就可以。

3.在翻译表语从句的时候

应该遵循与宾语从句一样的要求。按照原来文章的结构顺序进行逐段逐层翻译。

4.在翻译同位语从句的时候

跟其他从句一致。同位语主要是对名词性成分深入阐释,其中单词、短语或从句都可以作为同位语。在翻译时并没有对同位语的顺序做过多规定,一般可以保留同位语从句在原文的顺序,也可以把从句放在前面。

此外,在翻译时,还可以采用增加"即""以为",或用破折号、冒号将同位语从句与主句分开的方法。

(三)状语从句的翻译

1.时间状语从句

我们以 when 引导的状语从句为例,说一下如何翻译时间状语从句。在翻译这类句子的时候,要学会使用多种形式表达时间。一般来说,有以下几种翻译方法。

(1)译为相应地表示时间的状语从句。

(2)译为"刚……就……""一……就……"结构。

(3)译为"每当……""每逢……"结构。

(4)译为"在……之前""在……之后"结构。

(5)译为条件复句。

(6)译为并列句。

2.条件状语从句

(1)译为表"条件"的状语分句。

(2)译为表"补充说明"的状语分句。

(3)译为表"假设"的状语分句。

3.原因状语从句

(1)译为因果偏正句的主句。

(2)译为表原因的分句。

4. 让步状语从句

(1)译为表"无条件"的状语分句。

(2)译为表"让步"的状语分句。

5. 目的状语从句

(1)译为表"目的"的前置状语分句。

(2)译为表"目的"的后置状语分句。

三、英语长难句的翻译

在英语语言里,每个句子的修饰部分不是简单的一种结构、一种形式,有的修饰部分是短语、词汇,还有的是句子,还有的是这几种成分嵌套在一个句子中。造成这种现象的主要原因是英语中使用许多表功能的冠词、介词和谓语动词等结构成分。还有一个原因就是英语和汉语的句子在语序上有所不同。这些原因使英语句子特别长且结构十分复杂,有时一大段文字只是一个句子。长难句的存在往往让刚刚踏入翻译界的人思绪混乱,手忙脚乱,没有起笔的地方。但是,万事都有方法和技巧,如果掌握了一定的技巧,这种句子的翻译不会特别困难。最重要的是学会理解、深入思考,这样问题就会迎刃而解了。一般可以从以下两个步骤进行探索式思考。

第一,理性判断,根据语法推敲,看看句子是简单句还是复合句,假若是复合句,又是复合句中的哪种类型。

第二,深入剖析句子的组成结构。假若该句子为简单句,应该分析出句子的主语、谓语、宾语、定语、状语、补语分别是什么;假若不是简单句而是并列句,首要的是找出连词,再进行每个简单句的深入剖析;假若是复合句,应该逐层剖析,化整为零,找出关键的连接词,判断清楚主句和从句分别是哪个,对每个句子进行深入分析,化难为易。

在翻译的过程中,要选取恰当的方法,用符合译语的表达习惯的语言把长句表达出来。不过,在表达的时候,要注意英汉的语言差异,使用不一样的翻译方法,灵活地处理原文结构。

(一)英语长句的翻译

英语长句的翻译一般使用下面的几种方法。

1. 顺译法

一部分英语长句所叙述的内容是根据动作或事件发生的先后顺序或者内部的逻辑关系进行排列的,这跟汉语表达习惯非常相似。在翻译的时候,通常可以按照原句的顺序进行翻译。

2. 逆译法

英语里,部分句子的表达顺序和汉语表达习惯不一样,有的甚至完全相反。特别是部分复合句,它的主句通常会放在句首,也就是重心在前面,可是汉语通常会按照逻辑顺序和时间,把重要部分放到句尾,产生尾重心。翻译这些句子的时候最好使用逆序法,就是从后向前翻译。

3. 分译法

汉语的句子重意合,英语的句子十分在意形合,这是两种语言之间特别明显的不同。英语句子的每一种成分在前后都能够加不同的修饰词,在主从句中间可以有连接词,从句可以套从句,短语还可以套短语。所以,英语句子总是很长且结构十分复杂。而汉语造句却用的是意合的方式,很少或者甚至不加连接成分。汉语句子的叙事还会按照逻辑顺序或时间进行安排,所以语义的层次非常分明,语段的结构流散。因此,汉语里面省略句或散句比较多,长句就较少。在进行英汉翻译的时候,经常要按照意合的原则,调整原来的句子结构,化繁为简,化整为零,把原文翻译成分离的单句或并列的散句,以实现适应汉语表达习惯的目的,这就是分译法。分译法不但可以适用于翻译单个的短语、单词,而且可以用于翻译简单句,还可以拿来翻译难句或长句。

4. 综合法

英语语言有其独特的表达习惯,常常把概括部分或重点部分置于句首,接着叙述分析次要的部分,而汉语一般是按逻辑或时间顺序,从小到大,步步推进,在最后得出结论并且突出主题。所以,在英汉翻译的时候,用前面的那几种办法确实能够解决一些问题。事实上,在英语里面有特别多的长句,单独使用分译法、逆译法或顺译法,是没有办法解决实际问题的。当碰到这种情况时,更常见的是依据具体的情况,结合上下文,把这几种方法结合在一起使用,有的遵循逻辑顺序,主次分明,顺逆结合地对长句进行综合梳理,这样的翻译方法叫作综合法。

在翻译的时候有一点一定要注意,翻译出来的长句要跟译入语的表达习惯相匹配。并且,在表达方式上要做到灵活应对,抓住两种语言的不同之处,综合运用多种翻译方法。

(二)汉语长句的翻译

由于汉语句子呈现话题—评述结构,也就是说,汉语句子由于其逻辑语言特点,句子的表达以"意尽为界",如果没有受到语法形式限制,只要句子的评述没有结束的话,这个句子就能不断地延续下去,在这期间的句子只使用逗号来做间隔,这样句子就会非常冗长。可是,英语句子就不可以这样,因为英语句子的结构是主语—谓语结构,也就是说,有了主语谓语,句子就可以结束了,有没有完成对主语的解释都不重要。所以,在翻译汉语长句的时候,应仔细分析汉语句子结构,弄清句中各层次间的逻辑关系,根据英语的表达习惯,选择适当的翻译方法。

汉语长句一般采取顺译、断句和合句这三种翻译方法来处理。

1.顺译法

当汉英叙述层次一致时,可按原文顺序翻译,在需要的地方加上适当的连接词语。

2.断句法

翻译汉语长句时,断句是最常用的一种方法。由于汉语长句多为复句,包含层次较多,逻辑复杂。因此,翻译时可根据复句或句子间的逻辑关系,适当将句子分成几句来翻译,这样可以使结构利落,译文意思表达得更加清晰、明白,符合英语的表达习惯。

3.合句法

在汉语里面很少有关系词以及结构的变化,句子都是靠着逻辑以及时间顺序去排列的,而英语句子结构呈现叠床架屋结构。要是我们直接把英语翻译成汉语,就会发现整篇文章变得十分零散,句与句之间相互分离。这不符合英语句子的结构特征。因此,翻译汉语时,不能看一句译一句,要对几个句子从意思上一起分析,根据英语句子结构灵活多样的优势,将逻辑上有关系的几个句子合起来处理,译成一句比较精练的英语句子。在汉语句子比较复杂,很难直译或破句的时候,常常采用合句手段进行处理。

第三节　英语段落翻译

一、段落翻译概述

要进行段落翻译,首先要弄清句群的概念。句群是一群句子的组合,是大于句子、小于段落的语法单位和表意单位。一个句群起码包含两个以上的句子,它们在语法上有结构关系,在语义上有逻辑关系,在语流中衔接连贯。

句群在形式上有前后衔接性。每一个成分之间必须有联系。如果一个句群的几个句子被插入的成分断开,那么断续的结合处就要求有明显的衔接标志。

句群在意义上有相对完整性,在表达上具有指向中心性。句群中的句子之间的联系紧密,通常前后连贯,构成一个整体,共同表达相对完整而又较为复杂的中心思想。它们在语义表达上通常有中心和支撑的关系,充当支撑句的构成成分需要满足"指向中心"的条件。通常一个句子是中心,表明所在句群的中心思想;其他句子是支撑,围绕中心思想展开叙述、说明、描写、论证、抒情。有时,句群的中心思想可从组成句子中归纳出来。

虽然句群常常与段落相重合,即一个句群可能组成一个段落,但句群也可能小于段落,如一个段落可能包含几个句群,一个段落也可能只有一个句子,不成为句群。

句群层次的翻译操作强调超群意识。句群范围内的句子都是按照合

第五章 大学英语翻译技能分析

理的、易于理解的逻辑关系连接成一个整体。这些关系既包含语法关系，又有语义与逻辑关系，如并列、承接、递进、选择、转折、因果、假设、条件等；它们既可以靠语序表示，也可借助虚词表示。要理解原文意义，就必须识别句群，找出句群中句子之间的关系，否则容易造成译文逻辑紊乱。前面已经提到，不管一个句群由多少个句子组成，都必须有一个中心思想，维系着几个句子之间的逻辑联系，使它们成为一个整体。有鉴于此，译者应当尽量克服就词论词，就句论句的局部翻译倾向，应该围绕原文的中心思想，借助连接词、句法手段以及词、句的有序排列，实现译文的逻辑连贯。

不过，汉语与英语在句法上的差异较大，汉语多意合结构，英语多形合结构。遇到这种情况，译者需要用合乎译语规范的手段复制原文的衔接和连贯关系，这样才能在译文中将原句群的功能和意义异曲同工地表现出来。

段落由句群和句群或者句群和句子组成，从表达内容上看，容量比句子大得多，意义也复杂得多。段落比句子更充分地表达了作者的思想，有助于读者理解作者的思路。对作者而言，分段可将复杂的思想化整为零，分别讨论，使每部分为全篇的中心思想服务；对读者而言，分段有助于在一段时间内重点获得一种信息，理解一种思想，从而将理解细节与理解全篇内容结合起来。

汉语段落和英语段落具有类似特征，都是相对完整的单位。段中的句群和句子都为表达中心意义服务。段内使用的语言与内容应协调一致，句子之间与句群之间的意思连贯，语序则根据内在的逻辑顺序进行安排。不过，汉语段落可以包含一个或一个以上的主题。英语段落一般只有一个主题，通常有一个明显的主题句。无论是英语还是汉语，各段落的主题都是篇章主题的一部分，在篇章中起着承上启下的作用。

段落具有明确的始末标记，是小于语篇的语义单位，是一个在概念上比句子更大的翻译分析单位。它既可能是几个句群，也可能是一个句群，还可能只是一个句子，甚至是一个词。以段落为单位对原语进行分析，较之以句子为单位的分析更有利于译者把握原文作者意向及原文逻辑关联。从翻译实践出发,这里所讲的是至少由一个句群组成的段落。先谈英汉段落对比,再说英汉段落的译法。

(一)英汉段落的对比

段落是具有明确始末标记的、语义相对完整、交际功能相对独立的语篇单位。英语段落的构成大致可分为两类:一类是典型的"主题句—阐述句—总结句"结构,另一类则有点像汉语的以某一中心思想统领的形散神聚结构,但注重形合的英语常常使用许多衔接和连贯手段,以便从形式上显现各种组合关系。前一类结构的主题句标明段落的主题思想,接下来的句子必须在语义上与这一主题关联,在逻辑上演绎严谨。这一特征在英语的论说文中表现得尤为突出。而汉语段落通常都围绕一个较为含蓄的中心思想,其表述方式多为迂回式和流散式的,句际之间的意义关联可以是隐约的、似断非断的。当然,也有不少十分注重逻辑推演的段落,句际之间环环相扣,但有相当数量的汉语段落都是形分意合的,没有英语中常见的那些连接词。这种现象的背后当然是中英思维方式上的某些差异。另外,段落构成在不同体裁的文章中也有明显的差异。比较一下英汉语段落构成情况,可以说它们是同中有异、异中有同,异略大于同。

(二)英汉段落翻译的意义

译者应先将段落作为一个有机整体进行分析,再进一步深入词句,在转换时,一定要使局部服从整体。从段落模式来看,英译汉时,一般都可保留原模式,以尽量做到形神意兼似。

探讨段落翻译的必要性与重要性主要在于三个方面:第一,前面讲过的有关词语和句子的翻译技巧,在段落翻译中得到了最为综合而灵活的运用。第二,段落翻译有其自身所特有的规则和技巧,需要我们熟悉和掌握。第三,段落翻译是检测翻译水平高低的重要途径。因此,接下来本书着重讨论段落翻译的一些基本规则与技巧。

二、段落翻译的规则与技巧

(一)逻辑增补

由于汉英民族思维方式的不同及其体现在语言表达上的差异,翻译中,译者有时要做逻辑上的引申增补。

(二)视点转换

任何一种语言都局限于自己特定的文化背景中,并在各自源远流长的历史中形成了自己独特的表达方式,同时,使用不同语言的读者也形成了对自己所属的那个语言系统独特表达方式的习惯性。这就要求译者在必要时重组原语信息的表达形式,转换表达角度,使译文更符合译语习惯,更易于被读者接受,更有利于译文预期功能的实现。这就是所谓的"视点转换"。

视点转换,或称角度转换,是从与原语不同或者相反的角度来传达同样的信息。视点转换是指译者在充分理解原文的基础上,突破语言外壳,改变对原文的思索方向,从另一个角度来表达原文含义,使译文更加地道、顺畅地体现原文的表达效果。从广义上来说,视点转换包括相对性的转换、正说和反说转换(反译法)、词类转换、语态转换、句子成分转换等。这里重点介绍相对性的转换。英汉翻译中,有时很难从字面上找到完全对等的译入语词汇。此时,不妨跳出原文形式,换个角度,利用事物的相对性来表达原文。

对转换单位进行转换时使用的"具体化""抽象化""解释法"的共同点是至少保留了原词语的核心意义。但有时这种核心意义很难保留,其原因就是:语言符号的声音与其代表的事物之间的关系是任意的、约定俗成的,不同民族的"俗",或者说其文化,不可能没有差异。这种差异必然会反映到语言之中,同一思想,在不同语言中的表达方式可能差异很大。在这种情况下,翻译时可能需要采用"视点转换"的手段,即换一个角度来观察事物,用不同的词语来描写相同的事物、其结果是翻译中的"替换法"。使用"替换法"不能胡乱选用另一个毫不相干的词语来替换一个词语,要求替换词语与被替换词语的所指统一。在翻译工作中应对语义进行充分的逻辑分析,时刻留心各种视角的转换工作,做到"钻进去,跳出来",钻进去将"原文融会于心",跳出来选择符合译入语的恰当表达角度,避免译文因原文语言形式的束缚而生硬晦涩。

(三)调整与重组

在句子结构上,汉语表现为既有整句,也有大量的零句。整句有主谓结构;零句没有主谓结构,由词或词组组成。零句是汉语的基本句型,可以做整句的谓语,也可以做整句的主语。汉语中的整句常由零句组成,一个短句接一个短句,流泻铺排,形散神聚,呈典型的流散形句式,即意合衔接,不加连接词。英语里类似汉语的零句叫作"破句"。这类句式也没有完整的主谓结构,只有词、短语或从句,在英语里,除在特定语境中使用外(如用于对话、标题、告示、广告等),属于语法错误。通常来讲,英语重形合,讲求结构的完整和严密,破句不属于常规句式。

汉语的零句如果悉字照译,译文必然或不合英语语法,或拖沓冗长,松散无力,不合英语行文规范。因此,翻译一般长句时,关键在于分清主从关系,削去枝蔓,找出主干,在分析各部分逻辑语义内涵的基础上,抓住主要信息点,定其为主干句,其他修饰成分部分使用相应的语法手段和词汇手段与主句进行有机组合。翻译一个由数个零句分散组成的汉语句子时,则需将其组合成完整严密的英语句子。

翻译段落时,不能拘泥于字与字、词与词、句与句的机械对应,应该在正确理解和忠实原文内容的基础上,从原文表达形式的束缚中解放出来,根据需要,灵活重建段落结构。无论原文的内容如何错综复杂,只要译文遵循译语逻辑序列习惯,仍然可以做到主次分明,层次清楚。作为相对完整的语言单位,段落经常围绕一个中心思想展开论说或叙述,所有句子都服务于这个中心思想。既然如此,每个句子在结构上的独立性自然而然受到削弱;翻译时译者不妨根据需要,把原文的句子打散重组。

(四)删减与改写

1. 删减

英语、汉语各有其独特的表达习惯、语言结构和写作风格,各自语篇的语体规范大不一样。有时为了语言生动和加强语气的需要,汉语常用具体形象词语或四字词组做比喻,或连续使用几个意义相近的词语或零句。但是,这些在汉语语境中生动自然、语气强调的文字,若照样译出,译文常常会显得累赘、臃肿、呆板无力,达不到预期的效果。为有效突出译文功能,实现语篇的交际意图,译者常常需要对原文信息删繁就简,省去次要的词句或用笼统的词句加以概括,对句子做必要的简略化和压缩处理,从而使译文在译语语境中达到预期效果。

2. 改写

改写指的是为了达到译文预期目的,考虑不同政治、经济、文化背景、语言和语篇特点,从符合译文读者接受期望的角度,对原文内容或形式进行重新组织和调整。它是译者以分析原文为基础,以实现译文功能为目的所做出的理性选择,并非不负责任地胡乱改写和凭空捏造。

第四节 英语篇章翻译

一、篇章概述

篇章是比词、句和段落更大的语言概念。一般来讲,它总是由段落组成,而段落又由句子组成,句子又含有词组和词。它不只是一连串句子和段落的集合,也是一个结构完整、功能明确的语义统一体。它的意义蕴含在篇章之中,句表句里,字里行间。篇章是语言在交际中,特别是书面交际中的对象和理想单位。篇章的表现形式很灵活,短的可以只有一个词,长的可以是鸿篇巨制。标语口号、产品说明、通知、信件、便条、借条、合同、契约、遗嘱、新闻、报道、天气预报、散文、小说、诗歌等都可成为篇章。

篇章的结构因文体不同而不同。汉语的文体可分两大类,即实用性文体和文艺性文体。实用性文体有书信、便条、电报、公文、广告、启事、书信、说明书、科研报告、法律条文等,文艺性文体有诗歌、小说、散文、曲艺和戏剧等。英语的文体可分为六大类,即新闻报刊、论述文体、公文文体、描述及叙述文体、科技文体和应用文体。

篇章是一个层次体系,但绝不是语段和语句的叠加,而是一种有机的、动态的组合。其意义蕴含在篇章之中。所以,要翻译篇章,就要首先理解篇章。

(一)篇章内部的环境:语境

语境指篇章内部的环境,即语言文字所处的言语环境,是指上下文,即词、短语、语句或篇章的前后关系。根据释义的范围,又可分为情景语境和文化语境。

1.情景语境

情景语境指篇章产生时周围的情况、事件的性质、参与者的关系、时间、地点方式等;也指在篇章中,需要参考使用语言时所发生的事件和时空方式等因素,才能得出正确的句子含义的言语环境。从这种意义上讲,情景语境具有即时性或共时性。

2.文化语境

文化语境指使用这一语言的人共有的文化背景,包括语言系统本身和语言系统相关的社会状况、历史传统、风俗习惯、思维方式、价值观念等,即整个语言系统的环境,是社会的产物。语言出现在一定的文化语境中,从这种意义上讲,文化语境具有历时性,也就是说,篇章的意义有赖于文化相关性。[①] 所以,在翻译过程中,译者要十分注意隐藏在语句及篇章之中的文化相关性。

(二)篇章的语域

语域指语言随着使用场合、环境、目的、交际关系的不同而产生的变体,是指在特定的语言环境中使用的,有一定的语言特征的语言变体。涉及书面与口头、正式与非正式、礼貌与粗俗、轻松与严肃等方面。换言之,语域是在不同的话语范围内使用的涉及职业、身份、情景或话题等的语言变体。例如:口语体和书面体不同,一般说来,书面体往往比口语体正式;法律语体与新闻或科技语体不同,它们各有其不同的语言特征;正式的会议和私下的交谈所用的词汇及句式也有所不同。语域的特点主要反映在词语及语法结构的差异等各个层面。

1.汉语的语域特征

从语音、词汇、句子和段落这四种语言层面,可以看出汉语的语域标志,其中比较明显的语域标志存在于音、词和句三个层面,以词汇层面的语域标志最为明显。

---

① 刘迎红.英语语言学理论及多维视角研究[M].长春:吉林人民出版社,2022.

(1)语音层面的语域特征

汉语中的"儿"化词尾以及人们为了模仿实际发音而选用的一些字、词,常见于口语和非正式语言中,一般在正式文体中不宜使用。例如:高招儿、盖儿、魂儿、小花猫儿、小红花儿、雨点儿、小脑袋瓜儿等。文学作品在描写人物时,为了取得惟妙惟肖的效果,常常使用这些语音层面的语域标志。

(2)词汇层面的语域特征

汉语中有大量的同义词,包括单音节字、双音节词组和四字词组(包括四字成语),以四字词组最为正式。例如:"干净"和"窗明几净""恭敬"和"毕恭毕敬"。

(3)句子层面的语域特征

口语体的句子比较自由、简短、富于变化,书面语体、公文体句子比较完整、讲究结构。

(4)段落层面的语域特征

运用排比和反复等修辞格。

2.英语的语域特征

相形之下,英语的语域标志和汉语的语域标志既有相同的一面,又有不同的一面。相似之处在于,英语中也可以按照语音、词汇、句子和段落这四个语言层面来研究语域特征。

(1)语音层面的语域特征

口语或非正式文体中,经常有非正式拼写形式,如 yeah(yes)、feller(fellow)、kinda(kind of)、gotta(got to)、gonna(going to)、ain't(am not、are not、is not、have not、has not)等,或者反复使用缩写形式,如 I've、we'll、you'd、they're 等。这些形式在日常口语中经常出现,在文学语篇中也随处可见,但不能出现在正式文体中,如法律文件、政府公文及合同中。还有一种常见的语音层面的语域标志是单词大写或使用斜体,表示强调。这种情况在销售合同中最为常见。

(2)词汇层面的语域特征

在词汇层面上有大量的语域标志,其中同义词构成不同的语域特征。

词类、词源及词的不同搭配都可以形成不同的语域标志。在同根词中，名词一般比动词正式；单个动词比同义的动词短语正式；法语词源的英语词比英语固有的词正式。英语中同义词的来源不同，主要由三大部分组成：第一部分属本族词，它们构成英语最基本的词汇，如家庭成员、自然界、时间等。第二部分属法语词，包括涉及政府、行政管理、法律、服饰等方面的词。第三部分属拉丁词，主要涉及医学、法律、神学、科学和文学等方面，这些词首先是中古时期通过法语进入英语的。一般说来，本族词最为常见、最口语化，朴素亲切；法语词较庄严、文雅；拉丁词多为书面语，书卷气息较浓。

英语词大多属于中性，词典中占大多数的不带说明性的词都属这一类，其中包括英语的许多基本词汇。此外，英语词典还有"正式"和"非正式"之分。凡注有"正式"字样的词都是书面词，多来自拉丁语，用于学术性科学论文、正式演讲、官方文件、公文书信等。注有"非正式"字样的词又分为"标准语"与"非标准语"。"非正式"用词中属"标准语"的称为"口语词"，"口语词"主要由本族词组成，用于日常生活及一般谈话等非正式场合，也用于文学作品。在"非正式"用词中，有一类特殊的词汇，即"俚语"，这样的俚语词汇不能随便使用，只能用于特殊的场合和人群。

(3) 句子层面的语域特征

句子层面的语域特征也比较明显。口语体英语的语域标志是：句子短小；偶有长句，但是结构松散；省略句多；多用插入语、口头语或个人特点的言语。而正式语体属于高雅语体，特别是有关政治、法律、学术等话题比较严肃的语体，其语域特征是句子长、结构复杂、几乎不使用省略句或插入语。

(4) 段落层面的语域特征

其主要语域特征是可以从过渡词的使用、句子的排列、标点符号和某些顺序数词的用法等方面反映出来。另外，运用排比、重复对仗等修辞手段，使文体高雅、正式。

翻译篇章时，辨认语域特征非常重要，特别是翻译文学作品时尤为重要。要正确传译原文的风格，就要注意识别并认真分析原文的语域特征，使译文既忠实于原文的内容,又忠实于原文的语言风格,从而揭示原文的意蕴,并尽量在译文中体现出来。语域是篇章翻译中一个不可忽视的方面,好的译文不仅要译出原文的意义,还要将原文的语域特点表现出来,达到原文想要达到的效果。

(三)篇章之间的互文性

互文性是指文本或篇章之间的关系,一个文本或篇章中的一些文字,无论是一个词还是一句话,甚至一段文字,使读者可以联想到其他文本中的文字而产生的意义。简言之,互文性就是指"文"之间的关系。互文性的一个关键问题就是所谓的意图性。主要是作者有心使用这一表达,要达到一种目的或效果。这就要求说者有心,听者也要有意。不然就达不到互文所指之义,也就达不到作者之意图。这里说的读者有意是指读者要有相应的知识储备,能够"由此及彼"或"后呼前应"。

二、英汉篇章的拓展模式

鉴于英语和汉语在篇章的信息拓展和段落结构方面的差异,英汉互译时对篇章进行调整成为必要的步骤,译者可以从以下两个方面入手。

(一)确定主题句

汉译英时,把汉语的螺旋形结构调整为英语的直线形结构。英语的直线形结构往往使主题句出现在段首,而汉语则受"起、承、转、合"的影响,主题往往会出现在不同的地方,有时不止一次出现,有时则是隐含的。因此,在非文学类的汉译英翻译中,确定主题句是译者必须考虑的。

1. 改写段首句

使其担当英语段落主题句。在一些如说明和论述的正式文体中,英语篇章的主题句应该显得比较正式。为了获得这种效果,也可以考虑将汉语篇章的前几句合在一起、使得主题句拉长,以负载更多的信息。

2. 移动主题句

将汉语段落中的主要信息提前。英文段落往往先给出中心思想,然后说明细节内容;而汉语段落往往先给出事情的前因后果,后得出结论(即中心思想)。

3.根据汉语段落的意义给英文译文的段落增加主题句

许多汉语段落并没有哪个句子能统领全局，起到类似英文主题句的作用，因此，汉译英时，就需要根据段落的意义为英文段落增加主题句。

(二)调整篇章结构

由于英语段落一般围绕一个中心话题，段落内的每句话都紧密地围绕这一中心话题展开，而汉语段落划分则自由得多、因此翻译时，需要调整段落。

1.段落多余信息的删减

汉语段落结构相对松散，因此，译成英语时，可以根据需要做一定的删减。而删减的部分，如有必要，可以在篇章其他段落中补充出来。

2.段落的拆分和组合

无论是汉译英还是英译汉，段落的拆分和组合有时都是必要的，目的是使译文更符合译入语的篇章规范。

3.调整信息的排列顺序

总之，由于英语篇章是直线形结构，往往先陈述段落的中心思想，分段相对严格，逻辑比较严谨，那么汉译英时，如果汉语原文中没出现主题句或出现在段首以外的地方，就应该加入主题句或把主题句移到段首；如果汉语原文是比较正式的说明文或论述文，可以通过改写段落首句的办法来使译文的主题句显得更加正式；如果汉语原文由于螺旋形的思维而显得结构松散、逻辑性差或语义不清，那么就通过段落信息的删减、段落的拆分和组合等方法使译文层次分明、结构严谨、逻辑严密。而由于汉语篇章是螺旋形结构，词句或分句之间往往不用语言形式手段连接，句子与句子之间没有明显的标记，分段也有较大的随意性，结构较松散，且常常先描写后叙述，先说背景再说主要信息，那么在英译汉时，就要把英语篇章的长句拆分成几个短句，少用关系连词，使译文既松散又流畅，并且先说背景再说信息，按照动作发生的时间顺序来安排行文。

三、衔接手段的转换

衔接手段指连接短语、分句和句子的方法。汉英两种语言的衔接手段大致相同,主要有重复手段,指通过运用词的重复起衔接作用;替换手段,指用一个单位代替另一个单位起衔接作用,如用代词、省略(零位)等同义异形手段来代替同一词语的重复;连接手段,指通过连接成分的运用,使句子内部和句子间产生信息的连续性,而且明确显示时间、因果、假设、转折等关系,从而使句子各部分表层结构上相互衔接,达到连贯,即所谓"形合法"。但是,表示连接关系有时也可以不依靠连接成分,而是依靠句子间的内在语义、逻辑联系达到衔接效果,也就是所谓的"意合法"。虽然汉英语言都使用这些衔接手段,但它们使用的范围和频度却不一样。由于英汉文化、语言结构、行文习惯的差异,英汉语言在组织成篇时所采用的衔接手段也必然存在差异。在翻译篇章时,译者要考虑用符合汉语习惯的表达方式把原文信息重新表达出来。重新表达不仅需要词汇方面的转换,还需采取一些相应的策略对译文的衔接进行重组,从而实现译文的连贯。因此,翻译时常常要进行衔接手段的转换。

篇章作为一种"交际活动",它必须具有七项标准,即衔接、连贯性、意向性、可接受性、语境、信息性和互文性。在七项标准中,"衔接"和"连贯"是最重要的,因为这是实现其他标准的基本手段。衔接是篇章特征的重要内容,它是一个语义概念,体现在篇章的表层结构上。

衔接手段大致可分为词汇衔接和语法衔接两种。

(一)词汇衔接

词汇衔接是指运用词语达到篇章衔接目的的手段。词汇衔接可以分为同义衔接和组合衔接。而同义衔接又可以进一步分为同义词、近义词、上义词、下义词和概括词等构成的词汇链。

在有些段落中,原文为了衔接往往重复某个中心词,或使用其同义或上下义词,从而使文章连贯一体。在翻译时,译者如果能把握好这些衔接词,并在头脑中形成一个逻辑脉络清晰的整体,就能在翻译时把握全局,有条不紊。

(二)语法衔接

语法衔接包括指代(照应)、省略、替代和连接。

1. 指代（照应）

指代（照应）是衔接手段中最明显的一种，表示某个项目自己不能解释自己，而是必须到其他地方寻求其解释的现象。在词汇语法层面上，指代主要由语法项目来体现，主要分为三类：人称指代、指示指代和比较指代。人称指代主要由人称代词体现。指示指代主要由指示代词和指示副词体现。比较指代分为两类，即普通比较和特殊比较，二者都由比较形容词和比较副词体现。

英语和汉语在指代衔接手段的运用方面确实存在差异。英语中、为了实现衔接，在某一意义的名词出现后，除非是要达到某种修辞效果，否则一般采用代词指代。这样，一方面可以避免篇章的累赘、重复，另一方面也可以使篇章主题鲜明，读起来逻辑清晰。相比之下，汉语倾向重复前文出现的名词，或者采用"零式指称"，即省略主语。

2. 省略

省略是指某结构中未出现的词语可从篇章的其他小句或句子中找回。一般说来，省略的内容可以从篇章语境中推知，这就要求在翻译时考虑全文框架，把握具体语境。这种省略也可以认为是"零式指称"。省略可分为名词省略、动词省略和小句省略。

在语法衔接手段方面，英语语法是显性的，而汉语语法则是隐性的。汉语在表达上富有弹性，许多逻辑关系靠意义来表达，语法处于次要地位。汉语的省略只求达意，不考虑语法甚至不考虑逻辑。汉语省略的频率低于英语，往往用原词复现的方式来达到语篇的衔接。

3. 替代

替代是指用较简短的语言形式替代上文中的某些词语，常用来避免重复，使行文简练流畅。替代可分为名词替代、动词替代和小句替代或分句替代。

名词替代比较常见的是使用 one、ones 以及 the same 等代替前文中出现的某个名词，这样可以使英语行文简洁，更有条理。

英语为了行文简洁，往往使用指示代词代替前面出现的某一小句或者某一概念、翻译时要注意汉语的表达习惯，尽量追求译文的简洁。

4. 连接

连接作为衔接手段,是使句子、分句和段落相互联系的形式标记。从语句衔接方式来说,英语多用"形合法"、即在句法形式上使用连接词语将句子(分句)衔接起来,而汉语多用"意合法",即靠意义上的衔接而不是必须依赖连接词语。因而,英语多连接词语,而且这些连接词的出现频率也非常高。这些连接词语不仅有连词,例如,表示关系并列或递进的连接词:and、or、in addition to、further more、moreover、too、also;表示因果关系:because of、due to、as a result、therefore、accordingly、so、consequently、thus、hence、since;关系代词或副词:which、that、when、where;还有短语:in short、for example 等。汉语中虽然也有一些连接词,但在表达中,人们常常表现出一种少用或不用连接词的趋势。

四、篇章的语义连贯

衔接与连贯,都是前后语义关联的基本要求。一般而言,衔接往往可以从形式上看得出来。至于连贯,那就较为复杂了。连贯是词语、小句、句群在概念、逻辑上合理、恰当地连为一体的篇章特征。篇章的连贯指的是内容情节上(对于记叙文)的串联,或者是逻辑关系上(对于非记叙文)的贯通,总的来说,就是完整的语义关系,篇章各个部分的语义连接通顺而流畅。衔接通过有形的手段实现篇章的紧密完整,在很大程度上因语言而有别;而连贯则通过无形的手段体现篇章的内聚力,是各种语言所共有的。不过,语义的逻辑关系经常隐藏于篇章的字里行间,处于篇章的底层。翻译时需要特别注意吃透原文精神,将字里行间的意思弄明白,才能从看似孤立、实则关联的句子中找到主题脉络,再通过增词等技巧再现原文的思想内容。

翻译学习和工作的最终目标并不是实现字词、句子的对译,而是要给读者提供逻辑清晰、布局合理的译文。[①] 因而,把握篇章的连贯对译者来说是个极其重要的要求。

---

① 黎庆园.英语翻译教学的理论与应用[M].长春:长春:吉林出版集团股份有限公司,2023.

五、篇章的布局

从篇章角度来看,布局主要指段落安排。虽然原作谋篇布局已成定式,但局部的调整也是常有的事。这是因为两种语言的段落划分标准不一样。一般来说,英语的自然段较短,两三句语义相关的话放在一起即可成段。英语一句话述说一件事,构成自然段的情况也很多。汉语自然段经常大于英语自然段,强调段落中心意思的完整性。

第六章 大学英语教学的创新与展望

第一节 教学个性化

一、个性化教学的概念

个性是影响学生学习的一个关键因素,也是教育教学研究的基本出发点。总体来说,个性是一个较为复杂的心理现象,很难界定出准确的概念,且研究角度不同,为个性所下的定义不尽相同。

从哲学角度来看,个性是指单一事物的个体性、独特性,以及此事物和其他物的差异性。世界上每一种事物或现象都作为个体而存在,它们的存在和发展呈现不同的形态,表现为个体性,独特性。正是事物的这种个体性、独特性使事物、现象彼此相互区别开来。学生的个性则是指各个学生比较稳定的特征,表现在气质、性格、智力、意志、情感、兴趣、爱好、特长、思想品德等方面,是每个学生的个体性,独特性。

从心理学角度来看,"个性"常常作为一种心理系统来进行分析。

从教育学角度来看,"个性"是指建立在生理基础之上,并受社会和文化影响的内心世界。这里的"个性"涉及个体感受的各个方面,如一个人的信念、理想、价值取向、思维方式等。它包含个体所具有的一切独特性,包括反映个体的全部精神面貌以及个体之间稳定特征的差异性。在教育学中,"个性"被视作多层次,多维度的心理结构,具体包括心理结构系统,如性格、气质、情感、智力、意志;动力系统,如信念、兴趣、动机;调节系统,如自我认知、自我调控、自我评价等。

个性化教学有多种英文表达,以 individualized teaching 和 individualized instruction 为例,前者强调的是教学过程中师生之间,学生与学生之间以及学生与学习资源之间的互动;后者强调的是学生可以按照自己的步调进行学习及参与制订自己的学习日程,它往往与非正规的课堂教学联系在一起。尽管这些表达之间存在细微差异,但无论哪个术语,都包含了以下几项内容。

第一,教学活动针对一个既定的教学目的,即教学需要充分地发挥每个学生的个性与个别性。

第二,在培养目标一致的情况下,可以有变通的教学形式、方法等,可以运用个别的、小组的和集体的形式。

第三,学生在个性化教学中可以充分发挥自己的学习自主性,充分考虑学生的兴趣、意愿与需要。

可见,个性化教学实际上指的就是根据不同个体的个性特点,采用不同的教学方法和途径以达到预定的培养目标。教师可以采用个别教学、小组教学或班级教学等教学组织形式,抑或几种教学形式穿插使用,可视具体教学需求灵活运用。需要指出的是,个性化教学与普通教学在教学手段和教学条件等方面大致相同,并非一种特殊的教学手段,其在实践过程中,仍要以教材为依托,以课堂为平台,只是这种教学方式为教师和学生提供了更大的个性展示空间。

另外,个性化教学也不是对传统教学的否定,并不意味着教师可以随心所欲地授课,它要求教师要以教学目标为指导,以学生为教学重心,遵循英语教学规律,由浅入深、循序渐进地开展教学。[1]

而英语个性化教学就是教师在教学过程中,在课堂上、在一切教育的时空中,尊重每一个学生的个人价值,最大限度地发展其潜能,以使学生在遵守普遍性原则的前提下,能够真正有效地用英语进行交际。英语个性化教师十分注重教学活动中教师和学生的平等地位,强调通过师生之间、生生之间的互动,使学生的心理逻辑以及知识逻辑达到和谐统一,从

---

[1] 滑少枫.大学英语个性化教学的策略分析与系统设计[M].西安:西北工业大学出版社,2020.

而使英语学习成为一个不断螺旋上升发展的过程。在英语个性化教学中,教师要采用形式多样的教学方法和手段,引导学生进行自主学习,使学生在不断地体验和探索中一步步提高英语综合能力。

随着社会发展的日新月异,不同时代的人们对同一个问题的认识和理解会有所不同,即使同一时代,人们对同一个问题的认识和理解也很难完全一致。因此,个性化教学是英语教学法的发展趋势,是顺应新的教学理念的表现,这一教学法的开展有利于素质教育的提高和学生个性化的发展。

二、个性化教学的提出背景

(一)经济与社会发展的需要

随着我国经济的迅速发展、社会的不断进步,以及与国外政治、文化、经济交流的日益频繁,我国对英语人才的需求越来越大,同时对英语人才的要求越来越高。也就是说,现在人们不仅重视他们的实际应用能力以及创新能力,可见,经济与社会的发展为大学英语个性化教学的提出起到了重要的推动作用。为了适应社会的发展要求,英语学生不仅要注重英语阅读与写作能力的培养,同时要重视听力和口语能力的提高,使自己的英语综合能力得到发展。

(二)教学质量提高的需要

在现在的英语教学中,很多学校都在实行统一的规范化教学。不可否认,这种统一的教学大纲和测试体系曾对英语教学产生过巨大的促进作用。但这种规范化的教学也在一定程度上阻碍了英语教学质量的提高,束缚了英语教学的发展。所以,为了顺应我国社会的发展形势,提高英语教学质量,有必要在英语教学中实施个性化教学。

(三)信息技术的支持

随着我国经济实力的增厚以及对教育的高度重视,各个大学的校园网络建设以及计算机的配备有了很大的发展,这就为学生通过校园网和计算机学习英语提供了物质条件。通过校园网和计算机,学生不仅可以学到听、说、读、写、译等各方面的内容和知识,还可以扩大自己的视野,了解更多课堂上涉及不到的关于英语的内容,培养自主学习的能力。所以,计算机、校园网等信息技术的发展为大学英语个性化教学的实施提供了有力的技术支持。

三、个性化教学的原则

(一)教学目的个性化

教学目的个性化是指要培养的个性化人才,而不是规格化、标准化的人才,不是千人一面,而是人人生动活泼,具有丰富多彩的表达方式,具有冒险和创新精神。[①]

教师应该认真对待每个学生的特质、兴趣和学习目标,并尽可能地帮助他们了解自己的潜能。此外,教师应根据教学内容、教学对象的不同创造性地设计各种适宜的、能够促进学生充分发展的教学方法和策略,使学生能向他人展现他们所学的、所理解的内容的方式去了解和掌握教学材料。随着时间的推进,学生会积极主动地寻求与自身智力相匹配的教学机会,最大限度地发挥其自身潜能。这样,教学的个性化色彩越来越浓,学生与学生之间的差异也越来越明显,大大增加了学生学习成功的可能性。

(二)教学内容个性化

1. 个性的多样性与课程的选择性

不同学生倾向不同类型的学习方法,如创造性学习、理念性学习、经验性学习或理解一个主题、构思一个故事、描述一个人物的特征等。个性化教学就是要使人尽其才,使每个学生的潜能与优势都得到最大限度的发挥。因此,建立课程的选修制度,适应学生主体的多样性是促进学生个性自由发展的必由之路。

[①] 马琴.大学英语个性化教学研究[M].西安:世界图书出版西安有限公司,2020.

从操作层面上说,应优化教学资源,结合学生情况开展选修课程。此外,还应进行课程的分化与调整,做到在分化中调整,在调整中分化,使课程的设置和安排尽量与学生的个性化差异相符合。

2. 自我的完整性与课程的综合性

个性化教学以培养学生的自由人格为目的。自由人格就是有自由德行的人格,在实践和认识的反复过程中,理想化为信念,成为德行,就是精神成了具有自由的人格。这种自由人格是在"基于认识世界和认识自己的交互作用过程"中实现的,因此课程的综合性就非常必要。课程必须具备一定的综合性,这是培养学生自由人格的前提和基础。

(三)教学形式个性化

教师只有将学生内在的动力激发出来,他们的潜能才能得到充分发挥,并逐渐养成自主学习的行为、习惯、态度和精神,才可能达到预期的学习目标。因此,采用什么样的教学形式是至关重要的问题。对于学生来说,学习活动是发生性的,这就意味着教学必须是个性化的,要受学生的经验、意向、兴趣、水平等因素的影响。

教师应对学生的情况做汇总和分析,并在此基础上采取小班化教学、个别辅导、小队教学、同伴辅导、探究性学习、合作学习、自主学习等多种形式来弥补传统教学的不足。此外,教师还应在实践过程中不断总结经验、不断创新。

四、教学个性化教学的实施

(一)改变教学观念

1. 树立个性化教学观念

要想实行个性化教学,首先要改变传统的教学观念,树立个性化教学观念。教师作为个性化教学的实施者,身上担负着重要的责任,这是因为教师的教学观念直接影响着教学的开展。所以,为了保证英语个性化教学的顺利实施,教师必须转变教学观念。具体来讲,教师要实现两个转变:就教学目标而言,要从原来的以阅读和写作为主向以听和说为主转变,全面提高学生的语言综合能力;就教学主体而言,要从以教师为主向以学生为主转变。在具体的教学过程中,教师不仅要向学生传授英语知识,同时要培养学生自主获取知识的能力;不仅要让学生掌握学习语言的规律与方法,同时要引导学生积极思考,培养学生的自主学习能力;不仅要确定学生的主体地位,还要兼顾学生的情感、个性、智力的需求,更要明确自己的主导地位。

2. 摒弃应试教育思想

转变教学观念还包括摒弃以往的应试教育思想,树立以培养学生英语使用能力及全面发展学生个性为目标的教学观念。为了更好地实行英语个性化教学,必须改变应试教育思想,建立新的评级机制,保证学生全面发展。

(二)运用现代化教学手段

1. 运用多媒体与网络进行教学

现代化的教学手段是指在教学中运用多媒体和网络等新的教育技术。多媒体和网络在教学中的应用有着传统教学手段不能比拟的优势,如多媒体和网络可以为学生创造优美的学习环境;可以刺激学生多方面的感官,强化学生的记忆;可以激发学生自主学习,培养学生的自我调节能力;可以丰富教学内容,节省教学时间。为了使教学手段呈现现代化,更好地完成个性化教学任务,英语教学应做到以下几点。

(1)要为英语教学提供教学硬件设施的支持,如增设多媒体教室等。

(2)对英语教师进行关于现代化教学设备的使用的培训,主要包括多媒体课件的制作以及网络课堂的开设等。

(3)为学生使用多媒体和网络进行英语学习提供条件,使学生有充分的时间进行自主学习。

2. 注重教学方法多样化

在英语教学过程中,教师除了要适当运用多媒体和网络进行教学外,还要注意使用多样化的教学方法,以保证个性化教学的有效实施。具体来讲,教师可采用以下教学方法进行教学。

(1)不能忽视英语基础知识的传授,同时要注重学生综合应用能力的培养,更要做到基础知识传授与综合应用能力培养相辅相成。学生应用能力提高了,有助于其对基础知识的理解和吸收;学生基础知识得到提高,也有助于其应用能力的提高。实际上,英语基础知识并非只包括大家普遍认为的语音、词汇、语法等文化知识,学生的经验和学生的形态知识等都属于基础知识,基础知识是一个综合统一的系统。

(2)培养学生的自主学习能力,使学生成为独立的学生是英语教学的主要目标之一,而要想实现这一目标,教师除了要教授学生知识外,还要教会学生使用各种学习策略。具体教师可以通过以下方式来培养学生使用学习策略。

第一,明确教师的需求,了解学生正在使用的学习策略以及这些学习策略的有效性。

第二,选择恰当的学习策略,并对学生加以培训。

第三,将策略培训与正常的教学活动结合起来。

第四,准备专门的材料和活动,鼓励学生使用学习策略。

第五,促使学生有意识地将学习策略运用到学习活动中,并逐步使学生养成使用策略的习惯。

(三)充分尊重学生

1.尊重学生的主体地位

学生是学习过程的主体。教师在英语教学过程中应该尊重学生的主体地位,做到处处以人为本、以学生为主体,与学生平等对话、与学生合作学习,只有这样才能突出学生的主体地位,充分发挥学生的主体作用,提高学生学习英语的积极性和主动性,从而有效地提高英语教学效果。

教师在英语教学中充分尊重学生主要有以下三方面的含义。

(1)帮助学生认识并确立自身的主体地位。这就要求教师在日常的教学过程中,注重培养学生自我管理、自主学习的能力,引导学生积极主动地参与教学活动,并养成独立思考问题的习惯。

(2)英语教学工作的安排和设计都要以学生为中心,在教材的选用方面也要充分考虑学生的心理特点以及兴趣爱好等。

(3)英语课程的每个环节的设计都要考虑到学生的需求,课堂中穿插的活动也要以学生为中心,以学生的需求为依据。

总之,尊重学生的主体地位是实施个性化教学的关键。教师只有尊重学生的个性差异,发挥学生的自主精神,才能帮助学生不断培养和提高自身的综合素质。

2. 尊重学生的个性发展

个性化教学实施的前提是充分尊重学生的个性,这是素质教育的要求,也是教学发展的需要。学生的个性和英语教学是密切联系的,二者相辅相成,互相作用。在具体的个性化教学中,教师应该注重对学生综合语言素质的提高,同时需要加强学生的德行教育,促进其个性的良性发展。学生的个性发展对培养学生全面发展具有重要意义,这一意义是由以下几个原因决定的。

(1)个性是素质教育的重要出发点

随着我国现代化进程的逐渐加快,社会的不同领域需要各种各样的人才,那么,如何才能在相同的教育制度下培养出不同的人才是教育者需要思考的问题。显然,只有以学生的个性特征为出发点的个性化教学才可能培养出学有所长的人才。也就是说,素质教育必须尊重学生的个性特征和主动精神,以开发学生的智慧潜能为教学重心,以培养学生的健全个性为教育根本,这样的教育才能适应社会的发展需求,才能培养出有理想、有道德、有文化的全面发展型人才。

(2)个性倾向性影响个体的素质发展

个性倾向性是推动人进行活动的内在驱动力,也是个性发展中最为活跃的因素,它决定人想要做什么,想要追求什么。可以说,人对外界的认知和态度的选择与趋向都取决于人的个性倾向性。个体倾向性具体而言包括需要、动机、兴趣、爱好、态度、理想、信仰和价值观,这些因素对个体素质发展的影响具体体现在以下几个方面。

第一,理想和信念对素质发展的影响。理想和信念是人不断发展和前进的精神动力,无论是对工作、学习还是生活都起着重要的激励作用。科学的、坚定的理想和信念往往可以推动人们满腔热情地投入想要追求的事业中去,才有可能取得重大成就。可以说,理想和信念是人生的推动器。

第二,需要和动机对个体素质发展的影响。需要是动机的一种刺激,有需要就会有动机,有动机才会有行动,因此需要和动机对个体的素质发展有着引发和强化行动的功能。例如,你想要了解某个知识,会去看相关的书籍;你想要买衣服,就会去逛商场;你想要锻炼身体,就会每天坚持跑步。可见,人的需要是动机的诱因,有了动机才会付诸行动。在个性的形成和发展过程中,个体的需要和动机表现出明显的差异,这也使得需要和动机对行动发挥指向性作用,也就是说,不同的个体有不同的需求和动机,这些需求和动机促使他们向满足自身需求的方向努力,他们的行为就会表现出一定的指向性。因此,要想培养个体在某一方向上的素质,必须使个体对某一方向具有需要和动机。

第三,兴趣和爱好对个体素质发展的影响。兴趣和爱好可以激发个体的求知欲。人们通常会对感兴趣的事物产生探索和求知的欲望,这一欲望驱使他们主动地去寻求答案。相关调查结果显示,一个学生对不同的学科有着不同的兴趣,不同学科的成绩也相差很大,感兴趣的学科的成绩一般比较理想。可见,兴趣和爱好是学生学习的内在动力,重视学生的兴趣和爱好有利于提高教学效果,培养学生的学习积极性和创新精神。

3. 尊重学生的自尊心理

自尊是任何人类行为中最有渗透性的方面,对人类行为具有十分重要的影响。甚至可以说,一个人没有一定程度的自尊、自信和对自己的了解,就无法进行任何成功的认知和情感活动。

自尊是指个人所做的并习惯性地保持的评价。自尊表达出赞同或反对的态度,表明个人对自己的能力,意义,成功和价值相信的程度。就英语教学而言,学生的学习效率和效果受到自尊心的重要影响,而学生的自尊心很大程度上来源于教师对学生的尊重。因此,每个教师都有责任尊重学生的自尊心,即使学生身上有各种各样的缺点,也不应表现出忽视或轻视的态度,而应多关注学生身上的闪光点,并予以肯定,这样才能帮助学生进步。

人们的自尊并不是与生俱来、固定不变的,其形成和发展变化会受外部因素的影响。人们的自尊来源于自己和别人沟通交往的经验积累,来源于周围的价值评价。成人的总体自尊相对稳定,一般不会轻易改变,而处于成长期的青少年的总体自尊则会因为受到外部环境的影响而发生变化。同时,由于没有性格或认知特征在任何时候、任何情形都一成不变,所以自尊被分成以下三个不同的层次。

(1)第一层为总体自尊

总体自尊是指一个人对自己整体价值的感受和评价,包括对自己能力、价值和特点的认知和信念,以及对自己的情感和态度。总体自尊是一个人对自己的肯定和尊重程度的体现,它影响一个人的情绪、行为和社交关系等方面。一个拥有高度总体自尊的人,通常会表现出自信、乐观、独立、勇敢、自主等特点,能够积极应对生活中的挑战和压力,并拥有良好的人际关系。反之,一个总体自尊较低的人,则会表现出自卑、消极、悲观、疑惑、易受影响等特点面对生活中的困境和挑战时,可能会感到无助和无能为力。总体自尊对个人的心理健康和成长具有重要的影响。

(2)第二层为情景自尊或特别自尊

指一个人在某些特定场合,如社交、工作、教育、家庭等场合对自己的评价,或对某些单独定义的特征如智力、交际能力、运动能力或性格特征的自我评价。一个人的特别自尊的程度往往依赖于具体的场合或所讨论的特征。

(3)第三层是任务自尊,它与特别情形中的特别任务联系。

任务自尊是指在完成某项特定任务时,一个人对自己能力和价值的认识和信念。任务自尊通常与特别情形中的特别任务联系在一起,因为在特殊情况下,人们需要完成一些特殊的任务,在高压下完成一项重要的工作,或在危急情况下执行紧急任务。在这些特殊情况下,任务自尊可能会受到挑战,因为完成这些任务需要一定的技能和勇气,而且成功与否与个人的任务自尊心紧密相关。例如,一个消防员在火灾现场需要扑灭火势,这时他需要快速地做出决策并采取有效的措施。在这个过程中,他需要充分地信任自己的能力,并相信自己有足够的技能和勇气来完成这项任务。如果他没有足够的任务自尊,就会感到自卑和不安,这将影响他的表现。因此,任务自尊在特别情况下的特别任务中非常重要,它能够影响一个人在关键时刻的表现和决策,对任务的完成具有重要的影响。

为了更好地理解自尊的以上三个层次,我们以教育领域为例进行解释:一个人的总体自尊是他对自己的接受能力和勤奋程度的评价;情景自尊则是指学习某一科目(如英语)时表现的自我评价;而任务自尊则指学习某一科目的某个方面,如口语、写作或听力的自我评价。

三层自尊都与口语表达有密切的联系,其中以任务自尊与口语表达的联系最为紧密。另外,自尊在外语学习中是一个非常重要的变量,尤其是从外语学习的跨文化因素方面考虑。在我国,英语是一门外语,英语教学是一项跨文化教学活动,这就使学生的自尊心对其英语学习的效果具有更为重要的影响。

另外,现代心理学研究表明,青少年的自尊心不仅十分强烈,而且十分敏感,脆弱,而学生恰好处于这一特殊时期,这就要求教师在与学生交往中,注意尊重,爱护和培养学生要求上进的自尊心。

综上所述,一个人的学习效果以及所取得的成就都受其自尊心的影响。人的尊严来源于人的自尊,而教师对学生的尊重是学生的自尊心的最重要来源。因此,在英语教学中,教师应该尊重学生的自尊心。任何一个学生都有成为教师喜欢、欣赏的学生的美好愿望。即使学生身上存在这样那样的缺点,教师也不应该忽视他们、轻视他们,而要坚持认为他们是可教育的。总之,教师应该注重尊重学生的自尊心,积极发现他们身上的优点,肯定学生身上的优点,这样才有利于学生的进步。

第二节 教师专业化

一、教师专业化的定义

英语教师专业化是英语教育的必然要求。高等教育既注重专业知识的传授,又注重专业技能和实践能力的培养,以职业化和实践性为导向和目的。高等教育既然具有职业性和实践性的特点,那么英语作为世界流行语言,应用范围如此广泛,实用性如此之强,大学英语教育必然是高等教育的重点。然而大学生也有一部分英语水平突出的,这也造成了学生英语水平参差不齐,英语教学不好进行。针对这样的情况,对于大学英语教师队伍的要求就要更高,因此大学英语教师专业化的发展是必然的。

1966年联合国教科文组织与国际劳工组织提出的《关于教师地位的建议》中说明,教师工作应被视为专门职业。这种专门性,就决定了教师这个职业不能由非教师的职业所替代。教师职业要求教师有扎实的专业知识、过硬的专业技能和高尚的职业修养。专业化的"专业"两个字强调了教师这个职业必须经过专门的教育或是训练才能胜任;专业化的"化"字,则突出了专业的发展是一个动态的过程,是不断改进和不断完善的过程而不是静止的、一成不变的。[①] 教师专业化的定义很多,有的定义是针对教师整个职业的专业化,有的定义是针对教师个人的专业化。结合大学教学的特点及英语教学的特点,笔者认为,大学英语教师专业化指的是大学英语教师经过持之以恒的学习和训练,不断扩展各种知识,升华英语专业知识,提高英语应用能力和实践能力,培养英语科研能力,全面提升自身素质,不断成长,不断成熟的过程。

二、教师专业化发展的重要性

一方面,21世纪是开放合作的时代,世界格局随着现代交通、现代通信等技术的发展快速调整,经济全球化使得"小世界、大家庭"成为现实,教育资源的国际化配置,教育要素的国际化流动与分享和教育理念的国际化交流使我国的整体教育逐步走上了国际舞台,教育质量和水平在不断汲取国际先进教育经验和逐步本地化的过程中得到稳步提升,其中,高等教育是受到教育国际化潮流影响最为深刻、改革要求最为迫切的关键节点。

---

① 刘晶.高校英语教师专业身份发展叙事探究[M].北京:新华出版社,2021.

大学要服务国家"走出去"战略,与企业合作,开展技术培训,满足企业发展需要和高技能劳务输出需要;要积极开展中外合作办学,引进优质教育资源,提升办学水平。

由以上可见:大学英语教学应该立足于"走出去、引进来",应该更加注重大学英语教育的实用性和针对性,使学生能够用得上、用得好,并为他们将来的终身学习打下良好的基础。

目前,虽然我国大学英语教育取得了一定的成绩,但在国际化潮流下,依然显现出了一些不适应的地方。解决问题的关键,就在于大学要建立一支专业化发展的英语教师队伍,能够敏锐洞察到职业教育英语教学的需求并及时更新教学内容,能够积极捕捉国际先进的教学方法并为己所用,能够通过高质量的教学科研和深刻的教学反思提高自己的教学能力和教学水平,从而使培养具有国际适应力、竞争力的高素质从业者成为可能。

另一方面,英语教师专业化发展是实现"教学相长"目标的必然途径。关于教与学之间的关系,早在《礼记·学记》中就有相关的论述:"是故学然后知不足,教然后知困。知不足然后能自反也,知困然后能自强也。故曰教学相长也。"在现代教育体系中,教师与学生是互惠关系。教师作为讲授者同时也是受益者,学生在受教育的同时也能够影响教师,由师生的良性互动构成了一个生机勃勃的生态课堂系统,教师和学生在教学过程中能够实现自身的价值,共同取得进步。教师专业化可以帮助教师在整个教学过程中,不断扩充其专业知识,提高其专业技能,培养其科研能力,提高自身职业修养,全方位完善教学能力、提高专业素质。教师素质的提高影响着教学的改进,也影响着学生的学习情况。教师专业化的过程既是教师提高的过程,也是学生受益的过程,是师生共同成长的过程。

三、教师专业化发展策略

(一)大学要加强英语师资队伍的建设

1. 吸收高素质的专业教师

随着各个大学不断扩招,本科毕业生和硕士毕业生越来越多,大学在招聘新教师时掌握了更多的主动权和选择权。大学在吸收新教师时,要从"学以致用"下功夫,注重提高教师学历水平的同时,更要注意新教师所掌握的英语知识是否符合当前大学所设专业的需要,是否具有从事大学英语教育的潜在素质。这种潜质不仅仅体现在英语水平上,还体现在其是否具有广泛的知识面,除英语外是否具有符合专业要求的其他特长,是否具备将英语实践技能和使用能力结合起来运用的意识等。

2. 防止高素质大学英语教师的流失

鉴于目前高水平的大学英语教师缺口较大,而且一个高水平的英语教师不仅可以传授给学生扎实的知识和实用的技能,更可以为毕业生的就业增加成功可能。因此,高素质的英语教师往往会成为其他学校乃至培训机构"挖墙脚"的目标。在目前形势下,大学要切实采取措施留住高素质英语教师,要突破传统的论资排辈式的教师管理方法,破格给待遇、给职务,还要给尊重,给关心,多管齐下,使高素质英语教师成为学校的名牌。稳定住了高素质的英语教师,这些教师可以为其他教师做榜样,用其号召力来影响其他教师的发展和进步。

3. 经常开展开放式英语教师培训

为了提高大学已有的师资力量素质,大学应经常进行开放式英语教师培训,即大学组织英语教师到相关企业和公司进行培训、实践,践行"走出去"的发展目标。大学组织教师到相关的企业或公司进行实地考察,了解企业和公司中如何应用英语,应用什么样的英语。教师只有亲身经历过,才能知道教学中的重点难点,教学目标该如何设定和选择哪种教学手段,才能更好地服务于教学。开放式培训是英语教师进行英语实践活动和总结实用的英语应用技能经验的重要途径,对于英语教师实践能力的提高是至关重要的。大学必须重视与企业的关系,对于大型的知名企业或是公司,大学应该与之建立长期的合作伙伴关系,可以选送教师进行实地的培训,也可以为公司输送优秀的毕业生去实习。

开放式培训的开展时间分为假期培训和在校教学时间培训。如培训时间在假期,大学应组织教师参加培训,让每位教师都有机会去提高完善。如培训时间是在校教学时间,大学应该分批组织进行,根据本校学生多,教师数量有限的情况,学校可以抽取相关专业的优秀英语教师,一次派出2~3名去学习,既可以保证学校英语教学的继续开展,优秀教师也可以结束培训后向其他教师传授知识和经验。

(二)营造浓厚的英语教师专业化发展氛围

1. 开展创新形式和内容的英语教学竞赛活动

有竞争才会有提高。在组织教学竞赛时,一定要注意创新形式和内容。除了常规的听评课、板书设计、说课等活动外,要针对大学英语的学科特点,组织英语情景剧表演、模拟与外商谈判、举行进口设备说明书翻译攻关等。创新形式和内容的英语教学竞赛,通过创设逼真的职场情境来考察教师和学生在职场挑战的表现,既有利于展示教师"教"和学生"学"的成果,也有利于锻炼教师和学生的实践能力。

2. 创新英语教研活动的形式和内容

流于形式的教研活动既耽误时间又起不到应有的作用,所以,开展教研活动,一定要注意形式和内容的创新。比如采取"头脑风暴法"对教学重难点进行集体攻关,对教材的内容进行进一步补充完善、通过远程教育网与国内外同行进行视频音频交流等,这种在内容和形式上都有所创新的英语教研活动,可以让教师在有限的时间内高度集中精力,大脑高速运转,研究热情高涨,从而取得事半功倍的效果。

3. 实现先进的英语教学设施和资源的共享

大学英语教育由于需要创设大量的情境,因此对语音室、网络资源、多媒体设备的需求较高,同时对教师个人的信息技术水平也有较高的要求,大学的英语教师使用现代教育技术设备的水平较为薄弱,一定程度上会影响教学质量的提升。为解决这一问题,大学要给英语教师配备较为齐全的设备和充足的教学资源库,同时利用学校计算机专业优势,对大学英语教师进行培训,实现英语教师教育教学方法与现代教育技术的完美结合。

(三)大学要培养英语教师树立并形成专业化发展的意识

教师专业化发展是一个不断完善、不断提高的动态过程。[1] 教师是

---

[1] 刘晶.高校英语教师专业身份发展叙事探究[M].北京:新华出版社,2021.

教学专业化的主体,主体的行动受意识的驱动和影响。只有形成专业化发展的意识,才会有自我完善的行为。只有增强专业化发展的意识,才能不断促进自我完善和自我提高。

1. 增强专业化发展意识的方法

为了保持英语教师专业化发展的意识,英语教师应该有明确的职业规划。大学英语教师应确定在各个年龄段,自己的知识和能力应该达到什么样的水平,自己的职业应该有什么样的发展和成就,并根据每个阶段的职业目标制定实现目标的具体实施方案。该方案中应该着重体现以下内容:个人的英语水平和能力的成长预期、个人英语教学水平和技能的成长预期、培养学生进入社会后取得的成就和遇到的困难等。每过一段时间,教师可以对自身的能力素质情况进行分析、对职业上的进步与不足进行审视,提高自己的教学水平,以取得更大的发展。

2. 增强专业化发展意识的注意事项

不管教学的对象是基础差的学生还是基础稍好一点的学生,教师不能因为学生的反应而停止或放弃自身素质的提高。不管教学中遇到什么样的困难,教师都要坚持专业化发展的信念,通过不断学习新知识新技能去解决教学中的各种问题。教师要有迎难而上的精神,通过自己不断努力去克服困难,将自我完善的意识和终身学习的信念时刻放在心里。

(四)进行彻底全面的英语教学反思

教学反思分为个体反思和集体反思,这里指的是教师的个体反思。教学反思本身是一个发现问题—分析问题—解决问题—再发现—再分析—再解决的循环过程,在这样的过程中,教师的教学水平才能逐步提高。大学英语教师在面对不太乐观的英语教学状况时,必须进行彻底全面的教学反思,才能不断提高自己,改进教学,促进自身专业化的发展。

1. 进行英语教学前反思

大学英语的教学情况非常复杂,学生英语水平参差不齐。英语教师必须进行教学前反思。首先反思本学科、本教材、本单元、本课时与学生的学习基础。本学科和本教材之间有什么联系。本单元内容与前面教学内容有什么不同,预计学生会有什么样的反应。本课时处于本单元的什么地位，起着什么作用。学生对于本课时的内容是否有所了解。

在反思好以上信息后，根据教材和学生情况来确定教学目标。教学目标不能太大太宽泛，应对本课时要让学生掌握哪些英语知识、培养学生哪方面的英语应用能力、引起学生哪方面的情感共鸣等做出详细的规定。

确定了教学目标之后，要根据教学目标和学生的英语状况来确定英语教学的重点和难点。教学重点是这一课时学生务必掌握和学会的，而难点是教学内容中学生难以理解、需要花力气才能掌握的知识和技能。同时教师要反思在教学中利用什么方式突出教学重点和解决教学难点。

教师还要反思这个课时应采用哪些教学方法和教学手段。针对本课程的特点和本课时的教学内容确定哪些教学方法更能吸引学生的注意力，激发学生的学习兴趣，使学生真正参与到课堂中来。交际教学法注重学生用英语进行交流的能力，任务教学法可以激励学生的积极性主动性，合作教学法有利于学生间取长补短和团体意识的培养等等。教学手段的选择也要为达到最佳的教学效果而服务。

2. 进行英语教学中反思

教学中反思是教师容易忽视的反思部分。大学英语课堂有时比较沉闷，英语教师要想改变这样的课堂氛围，必须进行教学反思。教学中反思指教师在课堂上对于教学实践活动的反思。教学中反思要求教师有很高的课堂驾驭能力，可以敏锐地发现课堂上的各种细节，根据实际情况及时有效地做出调整，保证教学活动的良好顺利开展。

在实际的课堂教学中，会出现很多教师实际教学前没有预想到的情况，所以教学中反思是最考验教师教学能力的环节。在此环节中，教师要对自己的教学行为做出反思，对学生的反应和课堂中的互动进行反思。教师对于自己的教学行为做出反思，包括课堂的导入是否恰当；各个教学环节是否衔接得当；教师的角色是否把握好；教师的语言、教师的动作是否得体，教学中使用多媒体是否必要等等。教师对于学生的反思，要求教师要集中精力关注学生的反应，根据学生的不同眼神、不同动作，及时调整自己的教学方法、教学思路。在师生互动中，教师要反思，自己是否为教学营造了轻松平等民主的环境；自己是否为学生的思考留下充足的时间等等。总之教师要时刻关注学生的学习过程,关注使用的教学方法和教学手段,关注教学达到的效果,及时调整原来的设计思路和教学步骤。

3.进行英语教学后反思

教学后反思是教师经常进行的反思,指的是教学实践活动结束后教师通过仔细回忆或者听、看讲课时的录音、录像,对教学各个方面进行反思的过程。反思包括对于教学内容的反思、对于教学过程的反思和教学策略的反思。在高职英语教学中,教师要重视教学目标的设立是否恰当;教学的重点在课堂中是否突出;教学中哪个步骤不好;哪些教学方法适合这样的课程;学生的反应是否热烈;学生是否真正扩展了知识;学生的英语应用能力是否得到了锻炼。

4.纵向反思与横向反思相结合

每位英语教师,不仅要与其他教师的教学活动相比较,进行横向反思;也需要与自己以前的教学活动进行比较,进行纵向反思。只有不断超越自己,才是最大的进步,教师应跳出自我,对以前和现在的教学进行分析,获得更多的教学经验。教师一般很重视进行横向反思,但反思的力度不够。在进行横向反思时,英语教师应主动与其他教师的教学做比较,同时更要以开放的态度欢迎其他教师批评指正。

教学反思不仅仅要从教师的角度进行,还可以从学生的角度来开展,了解学生对教学的看法,可以通过与学生的聊天,或者对学生进行问卷调查等方式,更直接了解学生对课堂的要求和需要,有利于教师跳出自己的思维,对教学进行更全面的了解和改进。

参考文献

[1]陈建祥.多模态话语分析视域下的大学英语教学研究[M].长春:吉林大学出版社,2023.

[2]仇桂珍,张娜.英汉翻译与英语教学[M].成都:电子科技大学出版社,2017.

[3]邓沙琪.大学英语教学改革与翻译人才培养研究[M].天津:天津科学技术出版社,2017.

[4]符蓉,胡东平.基于翻译能力培养的大学英语翻译教学研究[J].广西教育学院学报,2019(3):142-145.

[5]滑少枫.大学英语个性化教学的策略分析与系统设计[M].西安:西北工业大学出版社,2020.

[6]黄建滨.英语教学理论系列英语教学研究[M].杭州:浙江大学出版社,2018.

[7]焦扬.大学英语翻译教学中学生跨文化意识培养研究[J].现代交际,2019(19):70-71.

[8]李冰冰.英语教学与翻译理论研究[M].北京:北京理工大学出版社,2017.

[9]李玮.应用型大学英语教学现状与改革策略分析[M].北京:北京工业大学出版社,2020.

[10]李晓岩.大学英语教学需求及方法分析[M].北京:现代出版社,2020.

[11]刘彪.大学英语课程教学中应用型卓越翻译人才培养问题研究[J].中国校外教育,2019(18):96-97.

[12]龙丽伟,许淼,高新霞.大学英语教学实效性分析与设计研究[M].石家庄:河北人民出版社,2017.

[13]马予华,陈梅影,林桂红.英语翻译与文化交融[M].长春:吉林人民出版社,2017.

[14]苗立波.大学英语翻译教学中的跨文化思辨能力培养研究[M].长春:吉林出版集团股份有限公司,2022.

[15]潘英慧.基于微课的大学英语教学模式分析与研究[M].长春:吉林科学技术出版社,2020.

[16]钱满秋.现阶段大学英语教学改革研究[M].北京:北京理工大学出版社,2017.

[17]王菲,陈琛,张庆敏.大学英语阅读教学与翻译理论研究[M].北京:中国商务出版社,2023.

[18]王斐然.多模态话语分析视域下的大学英语教学模式与课程建设研究[M].长春:吉林大学出版社,2023.

[19]王家华.文学翻译与大学英语教学研究[M].天津:天津科学技术出版社,2023.

[20]王燕.大学英语翻译教学与翻译能力培养研究[J].文教资料,2016(25):174-175.

[21]吴丹,洪翱宙,王静.英语翻译与教学实践[M].长春:吉林人民出版社,2017.

[22]夏冰,盛莹,陈茂春.大学英语翻译教学模式创新研究[M].北京:中国商务出版社,2023.

[23]杨红梅.大学英语教学中学生跨文化翻译能力的培养与提升研究[J].成长,2020(12):25,27.

[24]殷品.大学英语翻译与英语教学研究[M].北京:北京工业大学出版社,2020.

[25]张琼芳,吴锦文,王向菲.基于跨文化交际人才培养的大学英语阅读与翻译教学研究[M].长春:吉林出版集团股份有限公司,2019.

[26]张伟,胡玉洁.基于需求分析理论的大学英语教学研究[M].北京:国家行政学院出版社,2018.

[27]赵红卫.大学英语教学模式与跨文化翻译研究[M].延吉:延边大学出版社,2022.